打開天窗 敢説亮話

U0053688

INSPIRATION

天窗出版

優雅退休

曾智華 著

目錄

第二章 **實踐斷捨離 活得輕盈**

目錄

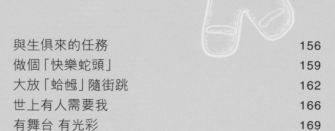

第五章 **紳士淑女 優雅楷模**

自序

香港人，過了非常非常之「不尋常」的兩年。發生的一切，
從未想像過，真的很震驚！

但是，日子總是要過的。平淡也要過，震驚也要過。發展
到今天，大局慢慢一步一步「定」下來。正常的活動，相信
2021年下半年可陸續恢復。

我2017年出版了《快樂退休》，2019年接力再出《有盈退
休》，非常幸運地銷量不俗。第一本更獲頒當年的「金閱
獎」。

市場決定一切，書商理所當然希望繼續下去。不過，「退休
心得」總會有盡時。於是，大家的默契，是「退休系列」第
三本《優雅退休》面世時，就畫上一個終結符號了。

坦白說，未成「退休專家」前，自己絕對沒法想像，原來，
退休生活竟是一門大學問！由感情處理（婚姻、父子、朋

友……）到財務管理，再到保健、醫療、遺產安排、社交生活、衣着儀容、身外物的斷捨離、智慧增值、活下去的意義……種種課題，必須有系統，有規劃地面對。否則，若退休生活一團糟的話，就我見過的，是令自己、令家人，陷入一場又一場的災難，導致人生在悲劇中結束。

我本來並非甚麼「退休專家」，只是，自從不停要「扮演」這個角色後，才「迫」自己積極投入，再天天思考，實驗，然後分享心得。

有句老話──教學相長。

我既要頻頻發表「退休心得」，就要「專家上身」。不單刊登文章，更走到各大機構，各種場合主持講座及演講，每次皆與現場觀眾互動。如此，日子有功，慢慢不斷擴大及提升「退休視野」。

當然，我更不停觀察城中的「退休典範」，分析他們的秘訣，並跟進學習。

2019年至今已兩年，終又儲到足夠內容來一次總分享了。我只有一個願望，希望這個「退休系列」，能為退休者及其家人，帶來啟示、幸福及快樂！

曾智華

2021年5月

1 優雅之道
內外兼修

優雅步向
人生黃昏

早前，《經濟日報》有段新聞，對我非常吸引。標題為——運輸署前副署長陳阮德徽旗下豐景台物業，獲財團以1.21億元收購。持貨三十年，大賺1.171億元。

相信，不少讀者都會「嘩」的一聲，因見陳太賺得天文數字。我呢？被吸引的，並非金錢銀碼，而是佢溫婉開朗的微笑相片。

因此相片，將我帶回四十年前，小弟奉命創辦《城市論壇》的日子。當時的香港，公開論政及月旦時事風氣並不盛行，而《城市論壇》則強調電視現場直播。故此，絕大部分官員皆拒絕出席。因公務員，

奉行「誓不出頭，唔講唔錯」原則，安全起見，一律耍手擰頭 say no。

唯獨，運輸署有一對「金童玉女」（非常靚仔靚女）首席運輸主任呂崇義及陳阮德徽（Dorothy），作風與別不同（膽正命平？）。當時，兩皆三十出頭，擺明是部門明日巨星（正在爭上位？），逢請必到，願意與公眾面對面暢論巴士、小巴及的士政策，作風開明親民。結果，兩位退休前，皆官拜運輸署副署長。

講起陳太，已退休十九年。上周在跑馬地滿貫廳晚飯，我旁邊枱坐著的，正是她及她的幾位外籍朋友。正在出任香港大學專業進修學院副院長的 Dorothy，瘦了不少，仍散發著濃烈的書卷氣、舉止溫婉，充滿優雅長者的風範。

退休後的男女，就我所見，大部分女的對自己外型及涵養方面要求，遠高於男。

單論與小弟共事過的，位位雖往往七十過外，但亮相見人時，仍不失昔日「廣播道女強人」風範。除精明能幹氣場逼人外，當然更有看透世情的睿智。那一代的女性，非常重視自己的「女人味」，絕不因天天在廣播圈中衝鋒陷陣而變

了粗聲大氣、粗言穢語的「男人頭」。再急躁時，仍保持一點品味，一點學養。

隨口可以舉出的例子，包括許鞍華、張敏儀、甄巧兒、雲影畦、孫郁標……就算是作風最「強悍」的周梁淑怡，也永不會沾染任何男性的粗獷。

政治圈又如何？代表性人物當然是鄧蓮如與陳方安生了。兩位在會議室內威勢驚人。會議室外，則永遠有女性的溫柔滲出，無得唔服。

以上全部已七十至八十歲。在我眼中，皆是優雅地步向人生黃昏的典範。

氣質與
氣場

在香港電台的日子，小弟曾經長時間每周訪問香港頂尖人物。兩個節目《清談一點鐘》及《香港領袖系列》皆屬直播，令嘉賓與我在節目進行時，次次「死了不少細胞」。雖然大家都扮鎮定，但內心深處，其實有極大恐懼，因在一對一情況下，不知對方如何出招也。我較着數，因負責「盤問」，對方負責回答，而他又不肯定我如何出招，所以，訪問過的幾百位名人，無論權位幾高，大部分「震過貓王」。

在一小時直播中，小弟絕對感受到對方的氣質與氣場處於甚麼境界。氣質，需要長時間由個人修為去培養，正是相由心生。學養高（不是知識！）、有善心、有禮貌、擁護又推崇普世價值者，經年累月，

就會散發出一種甚少人有的氣質。這種氣質，間中帶點高不可攀的神秘感。

氣場又如何？很多人誤會氣場是霸氣、是凶惡。錯錯錯！氣場是一種懾人的迫力。當你與他單對單眼對眼認真溝通時，你會感到一股暖流朝自己湧來。具氣場者，天生富有魅力，故此，說服別人，通常得心應手。

小弟曾訪問不少大官，做過特首的，包括董建華、曾蔭權、梁振英，坦白講，全部皆沒有氣質及氣場。

那麼，誰有兩氣？我遇過最勁的男人是上世紀九十年代的馮國經。當時，他的事業正處於巔峰，旗下生意業績驕人外，也願意擔任公職，所以，被視為其中一位特首人選。與他單對單交談時，正正有種熊熊暖流逼埋身。

女的又如何？無論政界官界商界，上世紀七十、八十、九十年代，皆一致公認是鄧蓮如。出道遲的記者及

16

傳媒人，無機會感受這位人稱Lydia Dunn的犀利，非常可惜。她從來不會大聲罵人，但不分男女，跟她一起工作的人，無論高官、議員，及太古集團的行政人員，一律腳軟。

最近，我又發現一位超級人馬，同樣擁有國際級氣質與氣場，正是香港出生的紐約大學法學院教授譚競嫦（Professor Sharon Hom）。想知佢幾犀利？上網重溫2019年美國國會有關香港局勢的聽證會啦。

1

優雅之道　內外兼修

銀髮族
也有時尚！

去年一次立法會會議，律政司司長鄭若驊出席的裝扮，令與會者、傳媒及看電視直播的高官，全部「眼前一亮」。人人竊竊私語，問：「嘻嘻，為乜佢搞成咁呀？」

點呢？正是在多少「突然發胖」的身型上，亂穿一通，肩膊搭上不太整齊的亂撞顏色披巾。最攞膽是看似剛在被竇嗱嗱臨衝出，所以仍掛著老土過時大近視眼鏡。更攞命，蓬鬆的頭髮用一隻塑膠大夾胡亂一夾，百分百「大媽feel」就衝入立法會會議廳。我有無誇張？大家睇睇當日相片，自可判斷。

正是人要衣裝佛要金裝。一個人的打扮、造型及品味，平時，只代表自己。但若成為一間公司高層，一個政府部門首長，站出來，就變成代表機構形象。絕不可以輕率。

小弟初到香港電台，每次代表部門與外間開會，皆有Dress code，就是整齊深色西裝，黑鞋黑襪，純色白或藍恤衫，傳媒英式領帶。

女同事，例必行政人員套裝，穿裙尤為首選。這種裝扮，有尊重對方及重視場合之感。

政府女高官衣著，無論回歸前後，基本十分得體，甚少彈出一個「鄭若驊」。難怪有人苦笑，嘩嘩嘩，Dress to kill典範呀！

其實，穿著整齊、潔淨，並非單單工作時才需要。退休後，更需要！

不少退休女性，退休後日漸品味變大媽Feel；退休男性，則「淪落」到維園阿叔款。這個，在觀感上及自我印象上，皆非常不妥，顯示你對個人尊嚴開始放棄，並且離地，與世脫節。

優雅之道 內外兼修

其實，退休人士一樣要有社交，一樣要有自尊及自信。這個，當然要由外型做起。

清潔、整齊、得體的人，無論男女，都會較易令人接近。若穿得young少少，就更易與年青人打成一片，有機會感染他們散發出的澎湃活力。

論永恒的衣著品味，英式訓練的女性較出眾。英女王當然是典範。英國前女首相戴卓爾夫人，忙到出煙也好，亮相人前，永遠一絲不苟。

香港方面，資深政界、官界、商界及傳媒界，要推最優雅高尚，毫無異議就是鄧蓮如勳爵。退休後定居英國，八十多歲了，每次回港曝光，仍然令人驚艷。

多年前訪問佢之後，索一照片做新書封面。隨手一張，已見品味過人！

八十年代的鄧蓮如勳爵，正是品味的典範。

配搭得宜
有「品味」

上文提到律政司司長鄭若驊那張「Dress to Kill」的大媽 Look 相片，極吸眼球也。

既然讀者喜歡講「衣著品味」，又再講講男長者啦。未講品味，先講體味！

小弟住的區份，附近為公共屋邨。大量長者無聊地過活（全已退休）。女的還算好，最多每早集體跳大媽舞。男的，則十之六七不修邊幅，部分更清潔明顯有問題，發出陣陣難聞的「佬味」。這種「佬味」，其實是長年煙酒過多，個人衞生及清潔不注重而產生的「混合味」。透過甚少洗滌的衣服傳出，一米之外已聞到，惡頂！

通常，男性有工作，有社交時，甚少如此。不少正正因為退休而得過且過，望／聞之令人生厭。

其實，為了個人自尊、自信及基本形象，一位男性，無論任何年齡，都應注重儀表。這並非指穿名牌錦衣，而是，只要配搭得宜，衣服整潔稱身即可。香港有三位男長者，乃模範。

(一) 胡楓——人稱「修哥」的胡楓，已經八十九歲。每次亮相，仍活力過人。平日打扮，絕無「老氣」，多穿配恤衫牛仔褲及波鞋，全部來自一般年青人喜歡幫襯的連鎖集團。永遠輕鬆自如的修哥，更擁有無盡的幽默感，愛唱歌，愛跳舞，是令人喜愛的百分百「活力長者之星」。

(二) 李國寶——曾經是第一任特區首長的「可能者」，八十二歲，來自香港名門望族，現任東亞銀行主席。因出生及受教育皆在英國（劍橋大學、倫敦帝國學院），所以，永遠散發一種貴族及紳士風範。任何時間皆衣著得體，三件頭西裝不離身。李國寶歷任立法會議員、行政會議成員、爵士、傑出青年、東亞銀行主席、香港大學副校監……非常清楚社會對自己的期望。故在形象上，從不失手。超過八十歲了，每天見人，仍一絲不苟。

22

(三) 孫秉樞——綽號「香港鐘錶大王」，九十六歲，仍腰板挺直，態度溫文有禮，傳統知識分子典型。基於長年代理瑞士名牌手錶，產品以優雅高檔及具內涵見稱。所以，孫前輩一向個人形象都十分配合，永遠瀟灑具品味，任何人一見，就對佢旗下商品產生百分百信心。孫秉樞的氣質，更來自長年從事慈善事業及公職服務，這又絕非單靠衣著可以塑造出來的。

23

最有吸引力的
男人

幾年前開始「扮」退休達人後，我的生命也多了一重意義：正是被邀請演講及分享，大至藍籌集團，小至公司仔飯局，向準備退休者講述心得，尤其已升到中上層的管理人員。

早前，又參加一個小型飯局。老闆宴請五位經理級人馬，全部已屆六十，下月退休。

當中兩位尤其愁眉苦臉，因一個失婚，一個喪偶。本來，有份工寄托，人生仍有意義。不過，一到退休，雖則財務早早自由，但是，如何過埋下半生呢？另外，孤家寡人，沒有伴侶，如何面對精神空虛？

尋找人生意義，易，我過去的兩本書《快樂退休》及《有盈退休》有不少案例參考。你肯實行，自會有個新「舞台」，有新欣賞者，有人「需要你」。這樣就有了活下去的意義。

至於如何找新伴侶？小弟無經驗，外行。幸而，身邊有位成功者「廉記T」，正是早年喪偶，沉淪一段日子後，重新振作，五年前已覓得一位非常賢淑秀麗的紅顏知己，羨煞旁人。於是，飯局後，找T哥問秘訣，以便轉給飯局中的兩位苦惱人。

「廉記T」答：「阿磔，我無乜特別心得，只不過早年無聊讀到一份珍貴資料，提到四種男人最吸引中年女士。剛巧我感到極度孤單，於是，下決心有紀律地照做。果然……之後有大量選擇！」

「廉記T」所指的四種男人，大家可存記：

(一) 性格溫潤的暖男——體貼，願意遷就伴侶的暖男。個個女性需要溫暖。若男士溫暖加溫柔，簡直「無堅不摧」也。

(二) 成熟穩重有擔當——年青女孩子選伴侶多看外表。但成熟女性，先取安全感。故鍾情成熟穩重，有事時敢於面對、敢於擔當的「真男人」！

(三) 有經濟能力——年青女孩子，很愛做夢，浪漫先行。但人到中年，必定吃過很多「現實生活」的苦，開始理性，知道浪漫不能當飯吃。於是，回歸重視經濟保障。唯有如此，才能內心踏實，與伴侶天長地久。

(四) 老實而不缺生活情趣——女性喜歡伴侶誠實，但同時無論甚麼年紀，皆愛被「氹」。所以，若能做到老實又多情趣，不時為女伴製造驚喜者，必大受歡迎。

「廉記T」的心得，我第一時間傳給兩位飯局「愁容男」。不過，看看我自己，四大條件，真是……一半都做不到。吸引力欠奉，活該！

怎樣做
完美退休丈夫？

男人啤一啤吹水，只要不講政治，不講公事，不涉權力，是可以很快樂的。

昨晚，幾條退休大漢到酒吧紅白威啤酒齊灌。這類場合，最好狂呻老婆大人幾鬼煩，一定有共鳴。呻完，個個舒服晒，回家「繼續被煩」，這就是人生。

「肥佬李」今晚做主角，將冰凍白酒一飲而盡，揸住張過膠咭仔講：「各位兄弟，昨晚替老婆大人做生日。之前，問佢想要乜禮物。點知，佢微微笑『隊』個信封過嚟，打開就係呢張咭仔！」

咁上是老婆老人的指示——未來一年，老公你全部要做足，最少達到九成！

「喏，兄弟，我私人醒你地，一人有一個copy！」老李在另一個信封攞出一疊過膠咭：「喏，一人一張。做得到，保證你快活過神仙！做唔到，保證你煩到命都無！」

究竟係乜？正是「好老公計分法」。內有廿項，做老公者，可能每讀一項，個心就震一震。包括：（一）擁有一手好廚藝；（二）年年記得老婆生日日子；（三）完全理解並掌握老婆大人的喜惡；（四）平日主動分擔家務，洗碗掃地抹窗洗衫；（五）不准亂發脾氣及情緒化；（六）懂得理財，早日達至全家財務自由；（七）願意傾聽及適時安慰太太；（八）永遠將太太放第一位；（九）接受老婆鬧我是為我好的「大道理」；（十）男人大丈夫，有正義感而不怕事；（十一）讚美老婆，句句由衷，兼且，絕不吝嗇常常開口講；（十二）吵架後，有理無理，老公都先要認錯；（十三）逢過馬路，要拖實老婆；（十四）不時會突然送窩心禮物畀老婆；（十五）老婆情緒陷低谷時，要不停鼓勵及打氣；（十六）視外父外母如自己親生父母，孝順及愛護；（十七）吃飯時為太太夾喜歡食的餸菜，不准不知是哪樣；（十八）太太shopping完畢，老公負責找數及挽住晒戰利品；（十九）任何時候都即

興傳給太太溫馨窩心短訊；（二十）大風及寒冷時，第一時間脫下外衣給太太蓋上保暖！

在座個個「人哋老公」一路睇一路皺眉，互問：「喂，老友，呢個世界，有無如此完美的老公㗎？就算有，咁佢又有無權利要求一個完美的老婆呢？此外，呢廿項，大家只在電影中見到呃靚女入陷阱的姑爺仔才會做齊。女性遇到呢類『不是正常老公的老公』，快點掉頭走啦！Too Good To be True 喎。」

怎樣做
完美退休妻子？

昔日主持電台節目時，經常有人點播歌曲。

今天，也有一位女士「點寫」文章，主題指定為「完美退休妻子」，當然是從男性角度去看。

這位女士很有心，因自己剛退休，希望日後與同是經已退休的丈夫相處得更和諧愉快。

我思考後，列出以下五點，或許可讓各位讀者參考：

(一) 外型加氣質——退休女性，沒有了「上戰場」心態，很易「放棄」。首先是放棄keep fit。人的自

信，部分正是由外型建立。故退休後仍要整潔及適當裝扮，切忌變傳聞中的「黃面婆」。同時，要多做善事及參與文化活動，培養優雅氣質。

(二) 尊重丈夫私隱及自由——給予「不追問」的活動空間。男人很多宣洩，是與同性在一起時進行的。尤其多喝兩杯，喜歡認叻、懷舊、談性⋯⋯全部無傷大雅，不必尋根問底。劃一個「特區」讓他放縱可也。反正，「邊界」你已操控。

(三) 明白男人——男人十之九九愛認叻，具英雄感，喜歡「被需要」，愛溫柔的女人。明乎此，為增進夫妻感情，適當時就應策略性俾佢威而不踢爆。兼且，肉麻都要，間中扮演「小鳥依人」。

(四) 控制情緒——每個成熟的丈夫，皆知女性是水做的。老婆情緒波動，經常溢出想像範圍。故此，大部分丈夫皆懂得採取沉默態度應付及「被發洩時」會忍忍忍。不過，太太們再任性激動，也應知要保持理性克制，切忌言詞過火，傷及丈夫自尊更是大忌。因言語比武器更易令人受傷，傷口極難癒合。故必須知道——適可而止。

（五）培養丈夫喜愛的嗜好——絕大部分男人，喜歡有一個潔淨雅緻的家。家的感覺，有無窮吸引力，令男人有空就想回家。故此，家居佈置方面，太太應多花心思。更理想，有空學插花。一室皆春能令人由心底滲出喜悅。當然，若老婆大人能煮得一手好菜，更屬老公夢寐以求。不少女性難明男人為何不黐家。答案簡單，因並未出現「萬能膠」，令佢心甘情願自動被「黐住」也。

以上五點，可能部分太太讀者睇完會「嗤之以鼻」，喝問：「喂！你哋係咪完美老公先？否則，為乜要我哋百般遷就？」

唔好意思，我錯，我錯！講吓啫，講吓啫！我絕不完美，你當然也毋須做到，嘻嘻！

益人
最終益自己

事實，我畢生都在追求一個終極目標：活得更快樂。但退休前，客觀形勢使然，無法快樂。因為，收錢工作，就有個角色，有責任要完成。

過程中，可能要懲罰人。形勢需要時，甚至受命去針對人（相信如今個別做高官的，內心深處痛苦不堪。個別我直接認識！）。總之，就是做盡令自己不快樂的事。

所以，退休後，一定要全面解放，只做快樂的事！任何令自己不快樂的人、事、物，一概割席，狠狠delete，絕不手軟！

尋找快樂，最易由較低層次的日常小事做起。

令我最早開竅的，是倪匡。

上世紀八十年代，工作關係，不少日子一起晚餐。發覺去
到邊，倪老都似一陣「開心旋風」，令所有服務員開心到不
得了。觀察原因：（一）他幽默又大快活，人見人愛；（二）
知名度高，人人想親近；更重要是（三）「貼士派在前頭」！
即一見侍應，立即俾貼士，而不是埋單覺得服務好才俾。
小弟好奇請教這種「不尋常俾貼士大法」。

「阿碌，做人，主動先對人好與被動對人好，是兩種武功。
主動先對人好，即欣賞在前頭，任誰也會生好感。如此，
服務質素必更佳。倒轉，服務完你才好似打分咁俾貼士，
即要求對方先對你好。這想法，低手！肯定多半時間不會
享受到最高質素服務！」

小弟一點就明。從此，學到十足，對服務員，貼士俾在前
頭，再加誠心欣賞有心有火有力的廚師，更毫不會吝嗇公
開讚賞其廚技。就以上兩項，將心比己，怎不「俘虜所有人
的心」？別人以為食肆對小弟特別好，因是傳媒人。中三
分之一！其餘三分之二，簡單兩字：識做！

延伸下去，我到任何小店或街市買嘢，也是從不講價。讓人賺多點，做個好客，再成熟客，有甚麼優質貨色必先留俾你也。

對家中菲傭也如是，不單要將他當為「人」（冷眼旁觀，不少僱主恰外傭唔使本！），更要視他為家中一份子，盡量令他住得舒適一點，工作順利一點，過時過節或生日利是大封一點。

總之，就是益對方多一點，然後，你一定發覺周圍的人會喜歡你多一點，結果，自己變成最大受惠者，因快樂自然又多一點！

六百呎豪宅
送菲傭

人生的終極追求是甚麼？兩個字——快樂！

你所做的一切，包括維持健康、做運動、談戀愛、結婚生仔、交朋友、行善、搏命搵錢、爭權奪利、大吃大喝……內心其實只有一個目標——令自己更快樂！

大家不是變態的，豈會在自由意志下，刻意做任何令自己不快樂的事？

不過，追尋快樂，不同人有不同的概念，有的認為不停追求權力財富，就會達至最快樂境界。

但我有幾位智者老友，對權對名對利，追逐到某一個階段，只要一到達財務自由，即停（通常是有自置物業，另加一點穩定的投資）！不但不再追求，反之，開始通過「散財」令自己及身邊人更快樂。這個境界，在市儈主義氾濫的社會，不會有太多人理解。

老友「大K」正是「智慧散財之星」。其中一項，提供六百方呎豪宅給菲傭居住！對一百個人說，一百個聽到都眼凸。菲傭住六百方呎大宅？疑問必彈出：（一）為乜唔將大宅租出去賺兩三萬元租金？（二）驚唔驚佢晚晚帶人返屋企，變「菲律賓俱樂部」？（三）佢是否與菲傭有「路」……總之，眾多疑問。

K哥永遠只笑笑口回應：「多謝各位意見及擔憂，我當然有自己理由。首先，小弟咁年紀（七十幾），在世日子不知有多長，故每日愈快樂愈正！第二，我早有財務自由，自住千幾方呎樓，非常寬敞，夠晒！分一間單位畀菲傭住，等佢舒服又開心。條件咁好，一定努力多幾分，以免失去份工及豪華宿舍！事實，效果係佢照顧我起居飲食非常完善，全屋窗明几淨，廚技出色，令我日日三餐有口福！至於大家的『擔心』，我當然有方法保證不會出現啦，哈哈哈！人生最重要係乜？最重要是快樂！我的快樂來自先令

菲傭快樂，然後佢為我製造更大快樂作回報，這種互動關係，理想到不得了呀！」

相信十個人中，九點九個不會複製大K的「快樂模式」，但見佢日日嗰種開心法（勿心邪！），都要服㗎。

天地為棟宇
屋室為褌衣

早前遊台灣，在誠品書店買了一本書，此為日本新聞從業員彎田隆史所寫的《60歲以後的人生整理學——從此開始的42種放棄與提升》。

內容非常有趣，可提供大量思考空間給六十歲以上的退休者（準備退休的也會喜歡）。

作者將退休前與退休後的生活方式及價值觀作比對時，強調退休後生命控制在自己手裏，方方面面都可自由選擇怎面對。包括：老化、金錢、工作、孤獨、興趣、無聊、死期、離別、放棄、禮貌、性慾、飲食、衝突、夢想、政治、責任、命運……

原來，人一旦退休，可以進入另一個世界！

若能正面地活下去，六十歲以後人生，將會是「元氣十足、愉快、充滿意義」的。

今次抽出「無聊」與大家談談。

「無聊」，並不等於悶或無所事事。反之，「無聊」可以是一種境界。退休後無事可做，閒暇有餘。日本古文稱之為「徒然」。

「無聊」的人，通常已不必再背負甚麼義務，不需要追求成就，自然，與其他人的矛盾衝突較少。這樣，可以客觀、冷靜又精準地觀察世情。

其實，無聊正是拓展視野的好機會。工作搏殺期，有職責及角色在身，看事，只能跟自己的屁股（坐的位置），思想行為難免狹窄。退休後，枷鎖解開。看世情，赫然會變成用廣角鏡，甚麼角度也看到，立時提升境界。

談到退休後的轉變，某位曾經叱咤一時的退休跨國集團 CEO「大 K」，曾向小弟吐心聲：「阿碌，退休之後，我真真

正正可以跟著生理呼喚而活，有無盡的舒泰感。在職時很多暗病，包括高血壓、情緒病、胃酸倒流、皮膚病、糖尿病……全部減輕！」

甚麼是「跟著生理呼喚而活」呢？

各位家中的小貓小狗，正是典型。意即，想食就食，想瞓就瞓，不會戴著手錶按時而運作。大小二便自有生理呼喚。

K哥退休後只見想見的人，只知想知的事（不再緊跟新聞）。

更有趣，穿了幾十年三件頭西裝，退休後的K哥，決定學習「竹林七賢」中劉伶「衣著」方式，在房中一絲不掛。自覺是：「我以天地為棟宇，屋室為褌衣！」既把天地視為住處，房間就是他的內衣！

到達這種心態，這種境界，是否很有趣？

拒做
Old Seafood

長期讀者必知，小弟有個資深傳媒人（即六十至七十幾歲）飯局小組，名「快樂傳媒老是佛」。心照，乃來自粗俗廣東話「老屎忽」，即形容恃老賣老、老而不、化石腦……總之就是追唔上時代又以為自己啱晒，睇唔起後生一輩的「自卑又自大老坑」！

後生仔為免令這類「長輩」不快，故稱之為"Old Seafood"。我哋雖「過氣傳媒人」，自嘲好，自知之明好，幽默感好，就稱自己「老是佛」可也。

退休後，應該盡量放開懷抱，放下少少「樽鹽」，多了解子女及年青人的想法，才可以盡量擴大良好

關係網，建立快樂關係的最大公約數。如此，朋友會愈來愈多，社會關係會愈來愈好。自然，身體免疫力也隨之提高，病魔遠離更長命也！

與年青人溝通，切忌切忌犯上「僵化頭腦一族」低級又幼稚毛病，即不了解年青人的價值觀、科技觀及種種能力就亂噏，想當然屈他們乜乜物物。結果，被嘲笑「堅離地」之外，只會與年青一輩愈行愈遠，將自己困在一個「互㧬背脊」（You scratch my back and I scratch yours）的「老餅自己友」安全區中。

潮流興大聲呼籲有權有勢力又活在「政治象牙塔」者——唔該，講人話！

前年，某政客公開講：「有錢買地盤帽、面罩，用AirDrop，Telegram 及連登溝通，一定有外國勢力在金錢及科技上支援！」

真係嘩嘩嘩，咁都講得出口，竟坐在香港最高權力架構行政會議中，真令全香港略有少少知識者笑死之外，怎不被年青人鄙視？

這類政客乃典型反面教材，百分百年青人眼中無法溝通但又霸佔權力的Old Seafood。

我很喜歡與「傳媒老是佛」聚會，因為，傳媒人價值觀自動追上時代外，性格更多數豁達開放，喜歡與任何人包括年青人打成一片（因有不停搵料的天性）。

要與年青人打成一片，就要進入他們的思想世界，縱有差異矛盾，也必須包容，嘗試站在對方角度去看事物。

不快樂的退休人，十個有九個是Old Seafood，人人怕接近。快樂的退休人呢？是心境長青，充滿同理心的Seenager（Senior Teenager，資深青少年），故人人樂於接近。道理其實好簡單！

讓每代人面對
每代的風浪

近幾個月，老友聚會，大部分唉聲嘆氣。原因你我心照，不必細表。

退休一族搖頭嘆息的，多是：「我哋呢代已上晒岸，人生就快行完。享受過香港最好的年代。但……唉，下一代，慘矣。」

對此類看法，我永不即時搭嘴。因Agree & Disagree！

因為，每一代人有每一代的惡劣環境要面對。沒有人「承諾你一個玫瑰園」（No one promised you a rose garden）。向年青人不停講：「你一代慘矣！」不單未能鼓勵他們面對人生。反之，累事！

下一代慘？先不作大辯論。但我們真要認識不同時代的不同「慘」。

小弟的上一代，飽經戰亂，苟且偷生。食不飽，穿不暖，捱番薯。在被洋人及日本仔欺負踢屁股的「現實」下捱大、捱過。

我睇見他們，就真係「慘」矣。換轉自己，都唔知可以點頂？

好嘞，到自己一代，一九五〇年初出生，用今天眼光，也是「慘到飛起」！住山邊木屋又或六七十人擠住一層舊唐樓。用一個廁所，一個馬桶（又或無水廁！），一個廚房。人人毫無私隱。

孩童大部分瞓地沙（無床瞓！），無冷氣理所當然，電風扇都無，全身生熱痱乃「正常現象」。

當然，也是吃不飽。要日日到教堂輪救濟的麵粉及生油。水，非常珍貴，因天旱頻頻。結果，不時制水，人人要落街輪水擔返屋企用。

政治方面，當然絕無甚麼民主自由，更完全無空間俾任何人論政。所有新聞發放，須經政府新聞處審查。港英政府刻意針對親共人士。尤其爆發六七年暴動後，隨意大量收監。

更驚嚇，無數五花大綁浮屍由北面漂來。另又有越南船民及內地難民萬計湧到。

一切一切，就在我這一代發生。

之後，香港逐漸開放、進步、經濟起飛……全部都有個「政治大氣候」在背後推動。

小弟的一代，是否很易啃？現在回望，絕對不是。但喊都無謂，煮到埋嚟就食！

下一代又如何？ 相比對上兩代的起步點，絕對優勝。如何面對，自己決定好了。

上一代，不宜指手畫腳，毋須也無得擔心。人的適應能力，經常超越想像！

優雅之道　內外兼修

47

累積
快樂DNA

大家可有發覺，年齡，不一定會決定外型的。若以60歲作退休界線，有的人退休時，已似阿公阿婆，不單外貌蒼老，兼且，暮氣沉沉，老氣橫秋。但是，個別也可能似四五十歲，恍似仍擁有無限能量及活力，凡事正向樂觀。

以上兩個極端，除了是天生個性及DNA外，有沒有「快樂習慣」，也起了決定性因素。

哈佛大學早前公布的「廿個快樂習慣——選擇與共同價值觀念者相處」（20 Happy Habits! You'd Better be with People with Similar Values），小弟建議大家複印並存放銀包中，日常凡有空就拿出來重溫，提醒自己實踐。

若能做到，得到的效果是保持年青，充滿活力，人會變得更快樂和滿足。一切，都會慢慢從你的外在散發出來。

廿項中，有五項我非常積極專注去做，充分體會到真真正正帶來快樂。包括：

(一) 學會感恩——每天早上起床第一件事，就是祈禱感恩，向上天衷心致謝，並承諾會珍惜當天的時光及多做有意義，令自己快樂，令大眾有益的事。因活著及健康並非必然的。

(二) 做一個解決問題的人——社會上充斥怨氣及製造問題者，若自己亦淪為同樣的人，必定惹來討厭。所以，先警醒自己勿製造麻煩（現在還不夠多嗎？），然後在能力範圍內，為自己，為別人解決問題。這樣，減少社會負能量同時，會有一種貢獻感及滿足感。

(三) 做你想做的事情——退休了，就不應見不想見的人，不應做不想做的事。人生不知有多長，決不可荒廢時光，集中享受自己想做又喜悅的事吧。記住，你的快樂，不由別人製造。你不想做的事，也沒有人可以逼你，相反亦然。

(四) 寬恕與原諒——切忌將仇恨存腦海或放心內。仇恨令人不快外，更會破壞免疫系統，滋長惡性細胞。人人都會做錯事，當然包括你自己。得饒人處且饒人，不但是放人一馬，亦放自己的身心精神健康一馬。冤冤相報何時了？

(五) 恒常樂觀——船到橋頭自然直，萬事總會過去，黑暗盡頭是光明。同一件事，總可以用樂觀角度去看。你的選擇，決定你是否快樂。

結論，養成快樂習慣就是善待自己，每天享受正向思維帶來的愉悦吧。

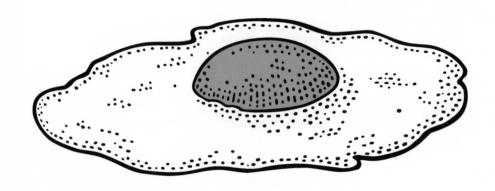

常青
座右銘

小弟今年六十七歲，理所當然，一同長大的童年友好、同學、兄弟、同事……不少也是六十到七十歲。發覺，雖然外表大家都一同老化（甩頭髮、髮變白、肌肉流失、出老墨、出皺紋、行動慢……全部器官衰退），不過，心態則差異非常之大。

個別日日夜夜不停「認老」，行又講，坐又講，真係慌死人唔知他已全盤老化，有點討厭。

個別呢，則不停傳老人心態文章俾你睇。大佬，使乜呀？睇發送人的表現已全知。

還有一首歌，不停有人傳來「分享」，正是《當你老了》。老友，一年聽一次夠啦，為甚麼要日日聽呀？真係唔老都聽到老！

剛剛，手機又彈出一幅標題為「人生九老」的設計圖片（長輩圖），當中有一個垂垂老矣的長者，無所事事，孤獨地在沉思。上面有九句說話：「老天要謝、老本要保、老伴要親、老友要聚、老家要顧、老趣要養、老身要健、老酒要品、老書要讀！」

說得好，正正講出我退休後的生活及人生觀。故此，立即頻頻傳比同齡好友。不過，一律刪去個「老」字。喂，句句猛講「老」，真係人未老心已老了。

我自封「常青的心委員會主席」，故此，只認定：

天要謝（感恩！）、
本要保（財務自由！）、
伴要親（唔親佢親邊個？）、
友要聚（人乃群體動物！）、
家要顧（男人大丈夫的一生責任！）、
趣要養（愈多愈充實快樂！）、

身要健（必須有恒心及規律！）、
酒要品（酒迷心照！）、
書要讀（切勿落後於時代！）。

小弟親身體驗，當你不停告訴自己「已老」時（觀察身邊的朋友），真的會老化得很快，成個人謝下謝下，愈來愈少人願意接近你。因為，沒有誰喜歡經常面對著死氣沉沉、落後時代、毫無情趣、體弱多病、滿口怨言、思想負面、不懂感恩、不負責任及無情無義者。

記著，身體老，是正常的天然凋謝，大家必須接受，毋須用後天的古靈精怪方法「留住青春」，因為，你用幾多人工科技搞三搞四，結果都是自欺欺人，大家一看就知你的年齡。

但是，內心老不老，優雅不優雅，完全可以自我控制。來來來，參加我這個「常青的心委員會」好嗎？

沒人可以
令你「老」

很不耐煩身邊的青年、中年及退休人士不停在呻：
「我老了！」更討厭友人親人將那首《當你老了》MV
日日夜夜傳畀我。

人人肉體都會老，正常。但心境及心靈呢？絕對因
人而異。

這世界，根本沒人可令你「老」，只有你自己！

小弟有兩個偶像，一為英女王，一為奇連伊士活。
前者九十五歲，後者九十歲。仍與「老」拉不上任何
關係，日日活在燦爛人生及無窮智慧之中。

英女王早前「表演」全球首席「公關專家」及「拆彈專家」風範，將哈里王子及梅根炸向白金漢宮的「核彈」輕輕一撥，立即化解。功力蓋世，令人驚服。

奇連伊士活又如何？ 1955年加入電影界，至今六十六年，獲電影大獎無數，包括台前幕後，但仍孜孜不倦從事電影創作。

以上兩位精力、腦力、體力何來？正因為絕無一個老化心靈！

上周，老友Gordon傳來一首MV，乃美國著名country-western音樂創作歌手Toby Keith的作品，名《Don't Let The Old Man In》！歌詞好正，大家可在網上欣賞。

我倒想講講此曲如何誕生。

話說，兩年前，Toby與波友奇連伊士活打高爾夫球。其時，後者已八十八歲。停下來，奇連不停與Toby分享即將開拍的電影細節。

優雅之道　內外兼修

Toby好奇問：「以你咁年紀，為何仍可如此精力旺盛？」

奇連簡單答：「每日太陽東方升起，我就向自己講——Don't Let The Old Man In！」

呢句格言，呢個信念，觸動了Toby。禮貌地問：「奇連，我可否用這個信念，作首歌送俾你，亦望透過佢影響心態老化的一群呢？」

奇連欣然答允。數個月後，作品出爐，MV內剪輯了不少奇連近年的精彩作品畫面，非常有品味。

各位，再講一次。這世界，沒人可以令你「老」，除了你自己！Don't Let The Old Man In！

快樂長者
優雅十誡

你已經超過六十？你已退休？你想快樂？你想有點優雅，不想係人都怕咗你？跟着以下十誡啦：

（一）即使你肯定自己啱，都不要主動勸人，尤其是子女。當他們想聽的時候，自然會問你！

（二）不要強求任何人跟你的想法行事，尊重每個人的獨立思考紅線！

（三）切勿過分保護成長中的子女，就讓他們面對及解決人生中遇到的所有困難，這是最佳「成長培訓」。當然，永遠保持出手襄助的準備。

(四) 切勿做「老怨男」和「老怨女」，整天不停怨社會、怨政府、怨親戚、怨朋友、怨鄰居、怨身體、怨無聊……凡事怨。絕對沒人喜歡接近這樣的一類人，因實在太過討厭。

(五) 父母生兒育女，子女在長大過程中，已給你非常深層次的快樂及滿足感。故此，對子女，切勿要求任何回報。事實，今日世代，對子女有任何要求，實屬「愚蠢」又不切實際！

(六) 人，是生物的一種，必會生老病死。老化，乃非常自然現象。青春，並不是花錢可以留住的。勿再自己呃自己，接受上天在你臉上的「天然雕塑」可也。氣質，是防老最佳特效藥，但卻買不到，要終身培養的，並沒有「特效藥」。但遲起步總好過不開始。

(七) 記住，年紀越老現實越殘酷。因為，世界上所有人都會因這樣的理由逐一離開你，除了你的終身老伴。所以，必須廿四小時對老伴忠誠及關心。直至離世前，只有佢需要你，你也需要佢！

(八) 必須注重個人衛生，衣着整潔。恒久維護個人尊嚴，道德及品格。這是你最寶貴的資產，亦是吸引別人接近的要素。

(九) 世界上萬事萬物的出現，必有其因素。尤其政治及經濟大氣候，你絕對沒能力令其改變。故此，毋須強求，就一切交給上天。冥冥中有劇本主宰一切。人，其實很渺小。

(十) 喜歡的食物，多吃（很多「健康人」皆早死！）；喜歡的人（老同學、老同事、親戚朋友），多見。因大家都不知何時會消失。不喜歡的人（任何品種），一定要從視線中及腦海中刪除，因浪費光陰兼影響健康。

優雅與快樂，其實唾手可得。但要記住，無人有義務替你尋找，還請DIY！

優雅之道　內外兼修

59

2 實踐斷捨離 活得輕盈

手起刀落
即斷纜！

退休之後，應該開始有多點新思維。例如，接受
「斷捨離」哲學，將一切毋須 / 不應留下的身邊物
品，一二三送人或棄掉之。

事實，人人家中都有三幾百件物品從不再用，亦最
少兩年內沒碰過。這類物品，無論是甚麼（衣服鞋
襪、電器裝飾、書本紀念品……），若留下，只會
佔據你的生活空間，根本再沒存在意義，一於「斷
捨離」可也！立定心腸斷斷斷、捨捨捨、離離離之
後，你會感到安逸閒適。

好了，部分曾刻意珍藏的物品又如何處理？

大家都知道一句俗語：「人在天堂，錢在銀行！」，專門用來揶揄一群傻吓傻吓、不懂享受人生、只懂儲錢而不懂花錢的「孤寒鐸」，結果最終只是令別人受惠！秘密地藏錢的，就存在銀行至天荒地老。已知腰纏萬貫的，就由後代「打生打死」爭產，造福大律師。

所以，最精明者，多只留下夠用又安全的數目後（當然因人而異！），不停玩「財散」，多點做自己想做的事，旅遊、請客、慈善、送禮……總之，feel good 就做！

最近，我與幾位志同道合朋友，正開展一項新「判死刑」大行動。各人在過去數十年，因投資／嗜好／虛榮等儲起不少靚酒、花膠、鮑魚、陳皮……心知肚明，能享用這些珍藏的日子，必定愈來愈少。何不全部拿出來分享？趁仍可食食食，一於全部「判死刑」，將他們通通消滅！

昨天，老友「班長和」傳來一幅相，為 1995 年的「拉菲」紅酒（Château Lafite Rothschild）。他收藏了廿幾年，一直不捨得飲。如今，他六十幾歲嘞，這瓶酒再繼續存放，不知道是否還有機會飲。於是，大喝一聲：「各位，幾時判佢死刑？」

嘩！一呼百應！大家紛紛將自己珍藏的其他超陳年XO、無年份威士忌、吉品鮑魚、天九膠、花膠王⋯⋯全部放在「判死刑群組」分享，興奮到爆。人人摩拳擦掌，研究交給哪個香港大廚準備「刑具」，又找哪間食肆「行刑」⋯⋯

人生，最重要追尋的，就是快樂。你博命搵錢，維持健康，交朋結友，結婚生子，行善積德⋯⋯最終，都是想人生過得快快樂樂，心境祥和安寧。

「判死刑」自己快樂，別人快樂，理應在退休後不停做！

戒「威」

退休後，一定要調校某些心態，例如，減少愛威風、戒掉炫耀，步入平淡安寧。

昨晚，退休紀律部隊高層「大隻卜」約聚，年多未見，霸氣驟減，英氣也失，一副典型街坊大叔款，退休對昔日威風八面的阿Sir，真有大影響。

「大隻卜」一坐下就大呻：「碌Sir，谷鬼氣，最近想甩手架賓士，改買Tesla，十幾年車啫，竟然無人肯收！」

背景故事就是，紀律部隊有種文化，個個愛威。所以，不少「死慳死底」拼命月供，也要買輛賓士或寶馬，泊在部門停車場「晒」，以向同袍表示——我好掂！

「大隻卜」當然也不例外，十多年前用百多萬買下一輛賓士，雖然供到死吓死吓，但自覺好不威風。

做官，當然到時候叮一聲就要退休，收入驟減，繼續養賓士，你估負擔輕乎？尤其十年車之後，恍似個「老翁」，周身唔妥，每次入廠換零件，都要「萬萬聲」才可甩身。

終於，「大隻卜」投降，向相熟車房師傅講：「唔該同我搵人收啦，十零廿萬算嘞！」

師傅卻面無表情謂：「卜Sir，十幾年賓士，無人要㗎，以免執條襪帶累身家呀！」

怎麼辦？百多萬買輛賓士，花了大量金錢入油維修保養牌費保險，只「威」了幾年（退休後鬼睬你！），咪話唔傷，結果劏車收場。

「我想買返架Tesla，都係一百幾十萬，新款又型又威，你點睇？」

「阿卜，老友忠告，你如今只揸住幾百萬捱過世，咪再亂花錢喇。一切炫耀性商品，放棄啦。首先，Tesla強調高科技，故不停研發新一代電池，令其續航能力倍增。再者，電子晶片效能愈高，成本愈低。若你如今花巨額金錢買部Tesla，三年後必定Out爆，五年後連二手都可能無人要，到時新車電池強，晶片靚，最重要，價錢更平！」

小弟忠告，代步，買本田或豐田就夠了，安全、慳油、二手有價。係呀，無得「威」，無得炫耀。但是，虛榮，退休後還有意義嗎？

高官退休
四大忌

最近，有幾位退休數年的公務員老友，分別邀約深談，他們全部一致說：「肯聽你講，就唔會搞成咁啦！唉……而家只得後悔兩個字！」

他們發生甚麼事？乃因全部退休前，都不聽我處理退休後生活及財產的建議。既問到，據實忠告：

(一) 切勿攞一筆過退休金。將每月長俸銀碼谷到最大，以確保未離世前有肯定生活質素保證，不用心慌慌。長俸會跟通脹調節，保持一定水平。倒轉，若選一次過先取幾百萬，以近年幾乎無息環境，揸住必手痕，極易投資這樣那樣的「金融產品」。經驗顯示，蝕幾百萬，易過借火。

（二）切勿做生意。 公務員訓練，強調跟足規矩，只有黑白，沒有灰色（危險地帶）。幾十年後，想學做「奸商」或游走灰色地帶？你根本無可能與早在業內者較量，輸硬！交學費都交傻。

（三）切勿加盟與昔日部門或職位有關的公司。 別人高薪請你，不是傻的，一定是想「買」你的關係，你掌握的資料，甚或希望你影響前下屬，全部有違專業道德，必被前同事鄙視，衰收尾。

（四）切勿貪高薪為大富豪打工。 不少富豪，你做高官時，打拱作揖事事奉承，只因希望影響你及取得政策傾斜。個別決策高官在此環境下，心高氣傲目中無人，得罪了富豪不自知，種下復仇心態。一於等你退休後，先高薪羅致，成下屬後，再施展羞辱大法。在集團內其他高層面前玩殘你，一洩昔日被你官威欺弄之仇（真有其人其事，無謂透露了）。

四大準則，我講，對方未必接受，無所謂。

結果？阿Ａ攞盡一半退休金，幾年前買個小物業及二百萬股票。結果，你知我知，本來有六萬幾退休長俸歎一世。

如今，只得三萬，更要月月搵錢供樓（物業已貶了值）兼追租，煩到暈。更甚，股票又蝕咗三分一，搞到抑鬱。

阿B如是，攞一半退休金，三百幾萬搞間餐廳仔。一開已被古惑廚師及樓面玩殘，自己又不懂埋鑊。捱了不足一年貴租，蝕清光投降。

阿C則選擇打昔日「稱兄道弟」大富豪工。原來，關係一轉成老闆與馬仔，面色語氣也全部跟著轉。起初仍俾少少面。慘情……三個月後，已在管理層會議上公開省餐懵，你仲唔執包袱？

高官退休，如何過這三分一人生，各師各法。但仍以穩健財務自由為第一考慮。

不可亂發
馬主夢

過去幾年，小弟一個不經意，就成為「退休專家」，因出版了兩本頗暢銷的退休書——《快樂退休》及《有盈退休》。從此，退休老友個個排隊問意見，不少是公務員。我的忠告：（一）一筆過的退休金「攞零」，谷大每個月的長俸，以確保生活質素到離世；（二）切勿炒樓；（三）切勿做生意；（四）切勿做馬主！

為甚麼會有第四項？因不少老友為馬迷，退休後個個禮拜看兩次跑馬，非常投入。兼且，香港人，覺得做馬主好威，所以，退休後多望圓夢。

小弟廿多年前也做過馬主，雖則與人合伙，但也知道，馬主夢，不可亂發！

其實，老友問意見前，多已有決定，只是想我支持矣。

前年也曾試過喝住退休高官「大隻A」，他有一百萬現金的閒錢，打算與另外三位昔日同袍夾份買隻馬。

當時，他問我意見，即答：「咪試！養馬，有如從此踏入香港『富豪醫院』，使費是『黑洞』，深不見底。你每人夾一百萬，加埋四百萬，兩下燒乾！」

「大隻A」唯唯諾諾，反駁：「買隻馬百幾萬，養馬費每月七萬。一季贏一場，再加跑二二三三，應有賺喎。若贏大賽更發達！」

不聽老人言。終於，前晚約我吐苦水。

「慘啊，碌 Sir，前年唔聽你講，果然踩咗入個大氹，如今，錢又無，馬又無，朋友都無埋，後悔莫及，教訓好大呀！」

「大隻A」發生何事？

正是無聽小弟忠告，四個人興致勃勃但傻吓傻吓，一人夾一百萬，一共交了百多萬予某練馬師買下一匹馬（肯定先被斬幾十萬佣！）。當初非常高興，呼朋引類入場威威。

誰知跑一場輸，再跑第二三四五場也是輸，零獎金。但看到每月帳單，嚇暈！除基本養馬費外，另加獸醫、補針、按摩……諸多雜項，最少要七萬一個月。即一年花了八十幾萬，卻完全無贏馬。個個老友開始不想再玩不想夾錢。點得呢？結果反面！然後，馬都跛埋無得跑。「大隻A」的馬主夢醒後，失了超過一百萬！

投資股票
買錯要止蝕

近年，老同學積極爭取在世時多見面，因面對真實人生，必須接受，是每年同班最少有兩個「大拜拜」，見得一次得一次也。

見面，自不然會談投資。大N與小弟廿幾歲同一時期起步學買股票，同一時期輸到一仆一碌，投資路上，同是血迹斑斑。

如今，四十年過去，又如何？我的股票倉，已成退休保障支柱，每年穩定收息。

大N呢？慘情。投資股票，仍滿江紅。為甚麼幾十年來長輸，無咁黑仔啩？

「N佬，你有無查找自己投資股票的死因呀？係咪買埋啲創業板股或唔知做乜生意的內企股呀？股市升到嘭嘭聲時，莫講買中騰訊（0700）或港交所（0388）等暴升股嘞，就算似我咁安安穩穩長揸中電（0002）、港鐵（0066）、領展（0823）及九倉置業（1997），回報都相當唔錯㗎。你買錯乜呀？」

「阿磔，事實，你講的股，我全部買過，更經常好價入貨添。不過……唉……」

「唉乜鬼呀？買中無理由得個桔㗎。」

「一日衰無紀律！因為，過去四十年，都過唔到一個心理關卡。就係，只懂止賺不懂止蝕！」

聽完大N解釋，明晒。其實，我在電台工作幾十年，間中監製「問股票」節目。發覺，十個打來的師奶阿叔，無一個能在股市賺到錢。正因全部犯上大N的錯誤──買中唔揸買錯揸。

N 佬凡買股票，一升過五巴仙，就無法控制自己那股「過咗癮先」及「我贏咗喇」的心態，立即沽出，以鎖死自己的「賺錢記錄」。所以，買中任何股票，包括騰訊、港交所、領展等，皆只贏最多五巴仙利潤（另要扣各種使費）。

相反又如何？死咯。多年來，以他手多的性格，日日看各路「財經演員」推介（不少可能有利益衝突！），不知亂買了幾多隻股票，但又有「唔想輸」的心理作祟，因一沽出，就等於蝕。於是，自己呃自己——一日未平倉，一日不算蝕。結果，揸到成手蝕本貨，由蝕一成到蝕一半，再到變「牆紙」皆有。

像大 N 的必輸投資者，你身邊肯定大把！

減
＝加

最近，老友「大姐明」林建明拉我講：「智華，近日我輕鬆了很多，快樂了很多。因為，實行了『斷捨離』這套哲學，與老公曾展章積極實行將家中不需要的一切物品，包括藝術品、書籍、衣服……送的送，掉的掉。立時間，發覺不但家中的空間大了不少，連自己內心的空間，也同時寬闊了，因減少了很多煩惱與牽掛！」

小弟第一次認識「斷捨離」這個理念，於是，回家再找資料深入了解。

原來，這套哲學由日本人山下英子提倡的，靈感來自瑜伽哲學「斷行、捨行、離行」，指「斷絕不需要

的東西；捨去多餘的事物；脫離對物品的執著」，能完成以上三點，就可以「找回做自己的力量」。

「斷捨離」並非主張過清貧生活，而是用「減」來「加」自己的空間，令環境變得清爽。有如一種講法："Back To Basics"，只保留基本需要的一切。

這套理念，其實與小弟多次宣揚的「Delete大法」同出一轍。

香港近年的政治亂局，引起很多人心緒不寧。其中一個原因，是人際關係的撕裂。親戚、舊同學、舊同事、老朋友紛紛因政見不同而割蓆。本來，人人有思想及信仰的自由，只要互不相干，可以和平相處。

弊在，局勢發展下去，手機群組內的言論，愈趨極端火爆，誓要對方認同自己的理念才收手。

這個時候，大家就要下定決心，在人際關係方面，也來個「斷捨離」了。

退休後，應立即檢視一切非自願的關係，來次狠狠的斷捨離。對，有的無聊之輩會死纏爛打。幸而，「人要面樹要

皮」,找你兩次,兩次皆推的話,很難厚面皮再來第三次的了。

若不狠下決心退出群組或Delete某些已非常「道不同者」,大家關係,只會天天惡化下去。究竟,擁有這類關係,對你還有甚麼正面意義呢?無!只會日日激心,被迫「欣賞」對方不停傳來你不想看到及聽到的一切。

試想若你家中有一堆物件,一起床見到就心煩,無用又阻住空間,更可能招惹蛇蟲鼠蟻,點處理?最理智做法,當然是一二三頭也不回掉之哉。

掉清後,立即舒服晒!

手機上的無聊聯繫也如是。群組及各種關係,應斷則斷,應捨則捨。只要勇於Delete,留下最具智慧,互相欣賞及同聲同氣者。這樣,情緒立即得以紓緩,人也會開朗起來。

斬掉一齊非自願舊關係,騰出大量時間再結識志同道合,有共同人生價值觀念者,開展新關係,立時快樂無比!

大家今日就開始對家中雜物及手機上的無聊連繫,來個「斷捨離」啦!

與3類人
割席

退休後的生活，應該是怎樣的呢？

人人追求有所不同。但總的來說，是適意而活，只做想做的事，只見想見的人。兩者皆重要。因為，未退休，打份工，有個「角色」，有種「責任」，所謂受人錢財替人消災。故此，做不想做的事，見不想見的人（仲要「依起棚牙」扮開心！），乃屬正常的專業生活。不過，若退休後仍如此，等於與自己的健康對着幹，不快樂破壞免疫系統也。

退休後，小弟立即與3類人「無聲地割席」，不用高調表明。總之，你搵我，必推。若死纏，電話及WhatsApp一律唔覆，還不知難而退？

我拒絕再交往哪3類人呢？

(一) 開口埋口只講錢錢錢——香港人喜歡講錢，小弟當然非常明白。但作為一個人，口中除了錢之外，再沒品味、文化、知識、人性、藝術、感情、信仰......又或連少少靈性生活也沒有者，就等於一部銅臭機器。有何原因要與這種「機器」結交？接近得多，身體也會發出異味啊。

(二) 經常強調萬事萬物有個價錢——這種人，恐怖之處，是表明任何人、事、物，皆可以出賣。奉行「乜都有個價」理論的人，即是他的靈魂、肉身、父母、老婆、兄弟、子女、良知......全部有個「價」。誰出得起錢，隨時可以出賣！這類冷血市儈人，出賣朋友，理所當然眼都不用眨一下。出賣上司下屬，也是閒過立秋。

更甚，只要有人出到「合理價錢」，他一定賣國也願意，做漢奸走狗，根本不當一回事。誰會願意與這種「恐怖人」有關係？

(三) 奉行「人不為己，天誅地滅」者——

小弟覺得，地球上，由國與國到人與人之間，應該是你中有我，我中有你的。絕對不能擁有「我的利益凌駕一切」這種自私自利的自大心態。試想，人人只為自己利益行事而罔顧他人，世界又怎可能和諧？破壞和諧共融共存者，我又怎可以與他做朋友？

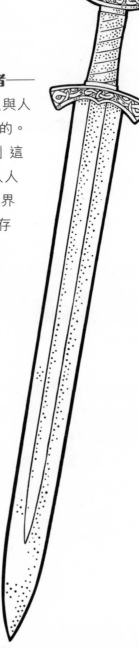

82

不做
你的朋友！

退休後，大量空閒時間，可以嘗試以前未做過的有趣事。好友前資深記者張艾淳創意多多，跟我說：「碌Sir，你做咗幾十年電台，突然退休，一定好多聽迷有點失落。不如開個『粉絲頁』（Fanpage），同佢哋保持接觸吖。」

「騎騎騎，好呀，你做啦，我唔識嘅！」

就這樣，2018年11月，「Luke Sir曾智華」正式在Facebook面世。甚麼都講，飲飲食食、生活情趣、政治時事分析，無一不談。有了網上社交平台，日常生活確實樂趣無窮，老友天涯若毗鄰，難怪人人沉迷，因多姿多采也。

不過，有利自然有弊。弊是不時有各式古靈精怪無厘頭人「彈出」，話想同你做朋友。利是重遇失散多年的同學仔、舊同事、舊朋友，不少身在遠方，互相問候，立時暖在心頭。可惜，以上比例還是以「無厘頭人」較多！小弟原則鮮明，個人設立的網頁，就是我的空間，絕不歡迎以下人等闖入，我一定不會做你的朋友，包括：

(一) 着到鬼咁性感，拋媚弄眼，兼揚言單身的女性——搵食唔該行遠啲，網上大把好色之徒啃你！

(二) 推銷員——不論保險、樓宇、健康產品、男士補品、投資項目……小弟全部不需要！請找另一個平台拍門，說不定吸引到大量「水魚」。總之，咪搵我。

(三) 內地用家——小弟沒有內地聯繫、沒有內地朋友，也不想有！況且，他們的政治意識形態多極鮮明，大家根本無乜好溝通。背景不同，價值觀念不同，人生理念不同。道不同不相為謀也。

84

(四) 情緒失控需要發泄者——情緒人人有，但必須克制及講基本道理。若單單想亂鬧人，以發泄心中怒火（2019年開始，無數人陷入這種狀態），我的社交平台絕不適合你，也不接納你。香港有很多「火爆平台」，請另覓天地！

(五) 不寫粗口不懂表達者——唔知點解，網上特別多粗口一族，可能有蒙面人的心態。總之，你睇我唔到，我就一於粗口爛舌，凡事都「媽個祖宗十八代」。老友，我的社交平台，開宗明義不接納粗口人。第一次勸喻，第二次即封鎖用戶，絕不手軟。

(六) 無名無姓無樣的隱形Object——老友，與人交往，大家平等，明人不做暗事，為何要扮「隱形物體」與人溝通？是否心理有多少問題呢？究竟有甚麼見不得光呢？

各位，小弟並非好得閒，以上六種人物，絕不應酬，亦請在我的社交平台中消失。

識睇
一定不睇留言！

平日，我非常喜歡玩社交平台，更喜歡將一些新帖放上有超過七萬追蹤者的粉絲頁（Fanpage），分享幽默，分享觀察，分享資訊⋯⋯每日生活充實又充滿樂趣。

很多人說：「識睇一定睇留言！」

看法，五十五十。因為，社交平台留言板上出現的，最少一半是負面情緒者（Haters），尖酸刻薄，粗言穢語，憎人富貴厭人貧⋯⋯

這就是當一個人可以隱身亂噏時的必然現象。此時，多數留言者會將負面人性胡亂發洩，因無甚後果。

大學心理學教授早早講過：「大部分人的行為，若明知不會有人見到，也肯定無後果的話，不少平時的『好人』也會變『壞人』，罪案率必飛升！」孔子也有名言：「君子慎其獨！」意指，真正具修養的君子，當沒有人監督，沒有人見到的情況下，言行也會仍然堅守道德規範，不會鬆懈。

我不會要求社交平台追蹤者是君子，但遇上太過傷害別人傷害自己的負面情緒，唯有「家有家規、板有板法」去規範。將一切五毛打手，粗口族群，尖酸狂燥，無品無格者全部鎖戶，請有以上「嗜好」者，自找其他適當園地發洩吧。

我為何堅決如此執行？因自己也曾患嚴重抑鬱症，也見證不少旁人患癌及嚴重疾病，主因皆由壓力及負面情緒引起。若得不到適當平衡，思想極易走向牛角尖，弄得自己不快，周圍人也不快。醫學界早早指出，不快樂情緒，破壞免疫系統。免疫力低，自然百毒皆侵。例如新冠肺炎中招而喪命者，多屬免疫力低的一群。

情緒極端負面者，小弟忠告，不要再天天在留言板上發洩了，對自己及對閱讀者精神健康皆不好。最理想，找臨床心理學家分析問題所在。嚴重的，看精神科醫生，及早服用適當藥物。

活得快樂，自然長壽，以下的養生歌，永恒合用：「起得早，睡得好，七分飽，常跑跑，多笑笑，莫煩惱，天天忙，永不老！日行五千步，夜眠七小時，飲食不過量，作息要均衡，心中常喜樂，口頭無怨聲，愛人如愛己，助人盡忠誠！人生只是過路客，處世切勿太認真。」

是否很「老土」？是！但歷久常新。

世界永遠有光明面，問題是，你有選擇看嗎？

社交平台
「扑傻瓜」

女教授K最近遇上麻煩，因她的社交平台，畀「五毛」睇中狂轟。

事緣K妹就教育局及香港考試及評核局處理「歷史問題」，作精闢分析及發表意見。就此，嘩！惹來眾多抨擊，不少更粗言穢語，咬住唔放，似有龐大「遍地開花」的攻擊力量。K妹一介斯文理性學者，不知如何處理。

她被狂轟幾日後，遇到小弟，問：「喂喂喂，硃Sir，你在『Luke Sir 曾智華』Fanpage 日日都評論這樣那樣的時事及政治事件，間中分析仲辣過我好多啦，點解無人轟炸你呢？」

人老精，鬼老靈，小弟初初開Fanpage，凡講政治，必被
「寵幸」，殺出大量「五毛」（大部分用簡體字），亂鋤一通。
部分極端的，更語帶恐嚇，當然粗口滿天飛。

起初我傻吓傻吓，以為可以理性溝通，用理性態度回應。
點知，原來變成「火星人與地球人對話」，完全「接唔到波
段」！可能「五毛」負責收錢罵人，從未研究過內容及意義，
只負責扮街邊潑婦爛佬，但求鬧衰你，收錢後就收工，故
永不與「鬧衰對象」論理。

哈，最怕你有理據砌我。「五毛」，在Fanpage上解決，易
過借火。首先按個「鎖戶」鍵，然後再將他們發放的垃圾言
論，一Click「刪除」即可！用廣東俗語，正是「無眼屎乾淨
盲」。

起初這群「五毛」還有點毅力的，你一「鎖戶」，他又化身另
一人開戶，再猛火攻擊。咁辛苦，身水身汗出招，結果？
我又一按「鎖戶」，即「瓜直」，恍似電子遊戲扑傻瓜，非常
過癮。

如是者，到「五毛」人老精，鬼老靈，就會「過主」去也，
無謂再浪費精力，另覓目標。

小弟這招喝令「五毛」搵食行遠啲，非常奏效，如今 Fanpage七萬多擁躉，日比日多。但「五毛」數量則日比日 縮，放大鏡也再找不到一個了。

教授K溫文爾雅，不知道對付「五毛」，要心狠手辣。經我 點醒，急急腳照做。結果，幾日後立即見效，舒服晒！

君子交絕
不出惡言

不少香港人，在2019年下半年，與親人及朋友（海外及本港）「分道揚鑣」的數目，可能比之前所有日子加起來還要多，尤其是舊同學群組，百幾人，必定有多種政治取態，只要遇上十個八個唔生性「逼」別人跟其政見者，肯定會搞到「雞飛狗走」，成組散晒。小弟的經歷，同樣如是。有三個舊同學群組，相識幾十年，原來，大家的感情絕對經不起丁點政見不同的考驗。

道不同，若感情根本並非深厚，當然不相為謀，反正緣份淺薄，所以，我會毫不考慮就自動彈開退組。

但是，對於個別深交的，則會採取「道不同仍可相為謀」的期盼。除非「被分手」，否則，絕不主動割席。

割席在今天，真是「閒過立秋」。但小弟的希望，大家無論如何，保持一點風度、一點教養，盡量做到君子分手不出惡言。手機上不少朋友天天不停傳來各種極端畫面，我早拒絕回應，也不會駁斥，只希望對方收到我的反應而識做，不再騷擾，更不想被不停追問：「你是否不再伸張正義？」又或：「你是否鼓吹，最少，默許暴力？」有這種問法的人，其實先天已有強烈立場，無論怎樣答都會引起爭拗，不如慳番啖氣暖肚。

昨天，又有老友問：「阿A發覺最近搵阿B食飯，反應好冷淡。是否有乜得罪，又或，阿B遇上人生甚麼大問題，例如生癌呢？」其實阿B不知幾活躍，且不時約小弟出來灌紅酒論世情，一班「道相同」（價值觀）的老友聚頭，非常開心。只是阿B與阿A的政治取態各走極端，所以決定低調疏遠。阿B是有教養的人，故堅守「君子分手不出惡言」這條底線，不屈人、不唱人，更不會刻意挑起仇恨，永恒真理——山水有相逢也。

親情與友情，不少須經幾十年才建立起來。有理性的人，必懂得珍惜，絕不會因對政治取態不同而割席，甚至在背後造謠互插。萬事皆會過去，可否揮揮手齊唱《滄海一聲笑》呢？

放下
別執著

上世紀八十年代中後期，前助理廣播處長張文新是
我上司，大家拍住上，與商台鬥個天翻地覆。某
日，小弟進言：「新哥，中英過渡談判後，香港言論
自由急速開放（此為英國國策），已進入資訊爆炸年
代，政治時事必為主流，若香港電台第二台只死守
音樂及娛樂節目，必定會 Out！故此，要鼓勵同事多
點認識音樂演藝以外的常識及人士，包括政界、官
界、商界及專業界！」

新哥轉數極快，同意，立即「扑鎚」開二台從未有過
的直播訪問節目《清談一點鐘》，由小弟主持，訪問
香港各界頂級人馬，立時成為香港電台招牌節目，
同時，小弟亦認識了不少「猛人朋友」。

三十多年後今日，與新哥晚飯，他仍清楚記得當日對話：
「阿碌，如今，我勁過你好多呀，退休後，朋友大門全面打
開，識咗二千幾個朋友，生活圈子及眼界擴闊不少。有大
把朋友揀，可以慢慢篩選優質者深化交情。」

新哥在我眼中，乃「成功退休人士」。因在各方面，包括健
康（更 Fit）、經濟（百分百財務自由）、婚姻關係（與太太車
淑梅感情如魚得水）、存在意義（運用昔日人脈關係及製作
經驗，協助幾個慈善團體擴展）、透視人生（理解一命二運
三風水四積陰德五讀書外，如今，更進一步，體驗六名七
相八敬神九交貴人十養生的深意），愈活愈有味道。

張文新的退休大法，最成功為做到放下。放下名及權之
外，更重要放下一家之主的執著。因為，昔日，太太車淑
梅是下屬，只有她跟著自己以「張文新夫人」身份出席社交
場合。如今，新哥已沒公家職銜，但車淑梅則仍在廣播及
社會服務界活躍，於是，身份倒轉了，新哥搖身一變成「車
淑梅先生」。這個，很多一度位高權重者，絕難適應。但新
哥能做到欣然接受，快樂泉源之一，正是放下。

處理財務方面，張文新亦有心得：「一定要將積蓄化為終
身的穩定每月收入。例如買年金，債券及公用股等等。總

2

實踐斷捨離 活得輕盈

之，要令自己一世月月有糧出。如此，心態及花錢即變大方自然。反之，將一千幾百萬存在銀行唔郁者，一郁，心就有恐慌，結果，平日用錢會私私縮縮就住就住，非常不快樂。」

新哥正正講出我買盡政府年金之因，從此，一世可每月撳地游水。

96

隨風
四散

由小到大，我這輩五十年代出生的，都曾經年復一年到墳場拜山。先而清明節，後而重陽節。

祖父葬在跑馬地天主教墳場，一到拜山時節，大家族幾十人就會買齊鮮花、飲品及零食，齊齊操到山墳位置。年青的除掉雜草，再清潔一下墓碑，然後，插上鮮花。大家恭恭敬敬，齊齊一鞠躬，再鞠躬，三鞠躬。

然後，開始嘻嘻哈哈閒話家常兼吃吃喝喝。此乃童年時非常難忘的「開心活動」。

隨着時日過去，一個又一個長輩上天堂，分葬在不同墳場，不同位置。而大家族，則一代又一代移

97

民，離開香港。拜年，轉為「小組活動」，正是「邊個得閒邊個拜」，不再是群體活動，也不像大型旅行了。

上世紀八十年代開始，我最深的體會，為發覺每年皆到的天主教墳場，愈來愈多無人維修的破損墳墓。一睇，就知長期無人拜祭。

隨着日子過去，墳墓「無人拜」現象，愈來愈多。我漸漸有個問號——為甚麼要葬在墳場呢？尤其，當時仍有全屍土葬的安排，根本浪費空間，死人霸住大塊地，令「新來者」無處容身，迫住要去無雷公咁遠尋覓葬身之所，非常荒謬。

為何荒謬？因若先人葬到山旮旯咁遠，意即，孝子賢孫拜祭，亦次次要長途跋涉，浪費時間，有這個必要嗎？

當時，我已下咗個決定，自己死後，決不葬在墳場。反正，兩代之後，一定無人拜祭，更不想一丁友孤伶伶「藏」在骨灰盅。

怎麼辦呢？有嘅，就是先對「排骨仔」及「肥女B」說，我一死，就火化。然後將骨灰分三份。一份吹去沙田馬場、一份吹去快活谷馬場，等我仍可一星期兩次享受觀賽之樂（用

陰司紙下注？）；另外一份，帶去郊外，趁大風時吹到四散於空中可也。如此，免煩，因無人再需要拜我，正！

事實，人生匆匆幾十年，一切應做的，在世時，做足做盡好了。離開後，就切忌再死人霸生地，也不要煩住後代。將心比己，要識做呀！

3 閒情逸致
好心情

疫情未歇
快樂不減

心理學家早早講過，人是一種高度適應的動物。故有句説話——煮到嚟就食。有些情況，想像是很「慘」，很難「接受」，很難「面對」。但一定要面對時，又如何？

我講的是大家已經「忍」了年半的疫情生活。

很多人以為小弟是個「無法悠閒生活的人」，必須終日四出尋找美食、旅遊、工作、甚至talk talk talk開講座……才能過日子。

自己亦曾誤會這是真的。

只是，疫情殺到，以上種種生活模式，即時停頓。起初，真有「怎麼辦」的恐懼。

有一大段時間，社交變零，人與人之間無法接觸。球場及運動設備全封閉，怎消耗清醒的十八小時？但結果，宅在家，宅吓宅吓，宅變成一種新的生活模式，我並非自己呃自己，確實幾舒服。尤其爭秋奪暑的日子，外邊熱到飛起，攝氏三十多度，躲在家搞吓東、搞吓西，一日好快（樂）就過。

(一) 早上五點半——起床，祈禱，略作伸展活動。

(二) 早上六時——收看電視新聞，吸收新聞大事，及時掌握財經總趨勢。

(三) 早上七點——到報攤（支持小戶經營！）買五份報紙，步入相熟茶記，坐在特別寬敞的卡位，來一杯香滑奶茶及一件多士，再攤開大大張報章慢慢刨，先看大標題，由新聞開始到財經，再到副刊、體育、馬經、娛樂……絕不遺漏。有趣的就細讀內容，否則留後。這無人騷擾的兩小時，為全日最踏實，最快樂的時段。看到有想分享的圖片及按語時，就上載到Fanpage，即時有超過七萬人可以接收到，展開互動。

(四) 早上九點──行一小時山，做帶氧運動，並在山路旁的欄杆拉筋及做上半身掌上壓。

(五) 早上十點──回家洗澡及寫稿，思潮一湧而出。

(六) 中午──粗麵及灼青菜作午餐，另加一水果。

(七) 下午兩點──外邊烈日當空。年紀大，為免機器壞，要保養，最宜躲在家「幹部式」小睡，為下半日叉電。

(八) 下午四點──帶小狗「哈仔」上山跑步及「大小」。

(九) 下午五點半──到街市搜羅減價海鮮，回家炮製。

(十) 下午六點──嘆杯白酒，煲電視劇，等開飯。

(十一) 下午七點──邊吃晚餐邊看當日新聞。再轉看著名KOL時事評論。

104

（十二）**晚上八點半**——微醉開YouTube，對住大電視，重溫五十至八十年代的經典金曲，放聲大唱特唱。一唱，安多酚就爆出，快樂無比。

（十三）**晚上十點**——兩分酒意下，慢慢沉沉入睡，擁抱「周公」女兒。

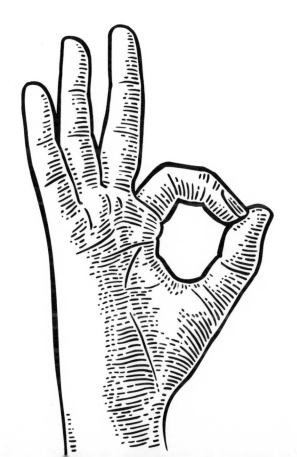

小丈夫的
「閉嘴藝術」

四年前，出版第一本「退休」書，名《快樂退休》，分享不少做個成功退休丈夫的心得。其中一章，為由「大男人」進化（不是轉化！）成「小男人」。內容引述一本老婆大人指定為夫讀的台灣書，著名作家劉墉寫的《年輕不老，老得年輕》。

箇中精華，指出——大男人要放下身段！

中國人傳統男主外女主內，男兒志在四方，更甚，大丈夫流血不流淚。這正是我輩男人的「社會期望」。由出生開始，已灌輸大男人意識。好的是雙肩孭起天下，不好的是輕視女性。

這種觀念發展到今日，絕對out爆！男人，當然仍應孭起照顧家庭經濟重任，但必須重視及承認另一半的貢獻及角色重要性！

事實，一般丈夫年紀比太太大，而男性壽命又較短。所以，妻子在丈夫年老時，可能同時要兼做「媽媽」及「護士」的責任。因為，本來強勢的丈夫，會一天天變弱勢！此時，男人必須認清事實，面對「亦妻亦媽亦護」的另一半，切勿再逞強，快快收斂脾氣。

小弟人老精鬼老靈，早早已懂「收聲的藝術」。故此，從不會與老虎乸鬧交，乜都佢啱晒可也。

説來，上天創造男女，根本是兩種動物。男的講求理性，女的側重感性。若論理，男的可能啱晒。但結果呢？則是夫妻感情輸晒，咪試！

今日，小弟又想講講「小丈夫的閉嘴日子」。何時呢？甚麼情況呢？

正是當老婆大人情緒洶湧，隨時爆發的日子。例如，當你家中的菲傭姐姐放假回鄉時。

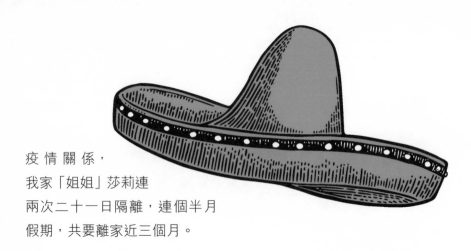

疫情關係，
我家「姐姐」莎莉連
兩次二十一日隔離，連個半月
假期，共要離家近三個月。

嘩嘩嘩，這三個月，正是「非常時期」。因老虎姆要兼職做
菲傭，隨時壓力爆炸。小丈夫為免當災，一定要忍忍忍，
收聲，只say yes！

為甚麼不幫手做家務？嘻嘻，咁就「鬧多兩錢重」！因抹地
不乾淨、洗衫有污漬、洗碗打爛碗……肯定變咗突個頭出
嚟俾老婆大人鬧，有無咁蠢？

唯一可做，是帶小狗「哈仔」每日兩次出街大小二便，與
及，抹車啦。

其餘時間，一定要收聲，道歉，認低威，兼且，賣口乖。
例如：「老婆啊，今晚啲餸點解咁好味嘅呢？你今日容光煥
發喎……」

如此，小丈夫就可倖免於難，安全過渡三個月「危險期」！

108

翻開泛黃相簿
變幻原是永恒

身邊不少朋友，尤其年青人，認為我仍然愛「紙」（包括報紙、稿紙、書籍⋯⋯銀紙）是落後，「老餅」，無跟時代進步，終日「戀舊」。

其實，小弟乃選擇性地「愛」一切，絕不會因別人覺得新、潮、老、out⋯⋯就決定用甚麼看甚麼，我不會被牽着鼻子走。

舉例，電視，我永遠用新的，因視覺享受，試過就根本無法回頭，此乃追求卓越優質。

但講到報紙及書籍，事實上，用電子儀器睇，完全不是這回事。

另一樣，就是相片。對，如今一部手機，可以儲存幾萬幅相片。

但我家，仍有近百本發黃相簿，將自己及家人數十年來的生命/生活片段，一張又一張的貼起，每次提着來看，即走入時光隧道，有無限思緒湧現。

一頁一頁地揭，一張一張相片拿出來回憶回味，此情懷絕非揸住手機掃啊掃能夠比擬的。

我家老婆大人，更將相簿內所有相片跟年份編排好。哈哈，原來，六十多年前，大家是這個樣子的，香港又是那個樣的，曾經有這樣那樣的人物出現過。不少人和事物，若沒有相片，早已消失腦海中。

我本性是一個無法停下來的人，再加上七十年代加入傳媒圈。結果，電視、電台、報章雜誌三個領域工作齊發，最癲是長期一天工作十八至二十小時。所以，所見所聞及認識（不一定是朋友）的人，可能比別人活三生還要多。

近日疫情宅在家，逐本相簿翻開，真是最大享受。因為，每張舊照皆可觸動出一幕又一幕精彩的往事，不少事已變，人當然也變。

人物方面，有的曾經非常精壯，結果英年早逝；有的本來年青有為、充滿使命感，結果變成「市儈佬」；有的政治立場隨時因形勢而變，成為「兩頭蛇」。

一幅又一幅相，見證黃霑名曲《家變》歌詞：「知否世事常變，變幻原是永恒，此中波浪起跌，當然有幸有不幸。」

小弟曾長年做名人訪問節目，每位必定深談最少兩次。所以，久而久之，心中早有一本「名人錄」，記下他們在公眾形象背後的真象（純從閱人經驗作分析）。發覺，大部分人在台前幕後根本是兩個人。因為，每人體內都有天使及魔鬼的特性，問題是比例多少，以及甚麼時候暴露矣。

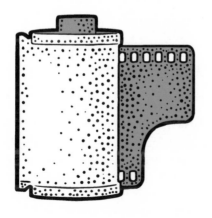

與我
共鳴

小弟宅在家，發覺退休最大樂趣，乃是翻閱幾十年的舊照片。相信，我的幕幕經歷，對大部分五十以上的香港人來說，充滿共鳴感，因大家都共同經歷了一個又一個入心入血入腦的變化。當中有多少喜怒哀樂，兩個字形容——心照！

事實上，在傳媒工作四十多年，遇到的人、事、物，是難以想像的豐富。因長期只做一項專業，而這個行業的特性，是接觸面極之廣（並不代表深！），基本上，沒有任何工種可比擬。

感謝上天，早早在我的DNA中種下傳媒因子。所以，大學畢業後，毋須三心兩意，只一往無前殺入傳媒界。

由於有一顆熾熱的心，故見工時，一定感染到面試者。個人的信念及抱負──希望透過傳媒工作，將智慧、知識及快樂，與最大公約數的香港人分享，這個，一定贏得對方的心。更何況，我聲明，只要有機會，首三至五年，完全不問工作時間、福利、待遇……

為甚麼？因有機會跟高人叻人一齊工作，已是莫大福氣，根本應該交學費而不應收取任何工資！

七十年代，不少電視電台明星級管理人，包括周梁淑怡、林燕妮、張敏儀、朱培慶、吳錫輝、吳慧萍……，早已家傳戶曉，任何畢業生若有機會跟他們工作，真要感謝上天！

傳媒工作，做得出色，等於有一張「名人見面通行證」。其他行業，想見到港督、行政長官、明星學者、演藝巨星、首富……難若登天，他們位位日理萬機，時間之寶貴，絕不能浪費在任何無謂人、無謂事上，為甚麼要見你？此外，中外也有千百計記者排隊約採訪，咁，為乜要俾你獨家？

說穿了，一切是「互相利用」。你的傳媒機構招牌亮麗，你作為訪問者，有出色的紀錄，如此，即會一拍即合。關係是互動的，有時是名人求你，有時則是你求名人。

任何一個終生的傳媒工作者，退休後，皆可寫一本圖文並茂，內容豐富的回憶錄。當然，若能似美國式爆料，就更具吸引性。只可惜……

當年小弟與車淑梅主持《晨光第一線》。

One day when we were young!

114

嘆地道
懷舊小食

退休人士，無論親戚、同事、同學……走在一起，
最共通的話題是甚麼？當然是懷舊。

人人喜歡懷舊，為甚麼？因講 Good old days，實
在興奮。人生中一幕又一幕難忘景象帶回眼前，你
話幾過癮。

年青人毋須嘲笑「老海鮮」，因為，「他朝君體也相
同」。大家隨時日過去，必會走入這條快樂的時光隧
道。

懷舊，有種溫暖感、安全感。一段又一段記憶滲入
心坎。所以，當你見到喜歡的舊朋友，愛聽的經典

金曲，發黃但記錄快樂一刻的相片時，腦內就會滲出正能量血清素，人都亮麗一點。

當然，遇上懷舊食物更不得了。

小弟最擅長組織各界退休老友開「快樂飯局」，受歡迎到不得了。人人食一次後，立即期望下一次早日到來。為甚麼？因大家心知，快七十歲了，相聚機會，不知尚有多少次。更重要，我每次皆安排一席令人勾起回憶的Comfort food dinner。

限聚令慢慢解除，我的「快樂飯局」又可一組又一組展開了。帶來歡笑外，也為飲食業帶來點點貢獻，真是Win Win Win。

懷舊，不一定要食大餐或大排筵席。單單街邊一道小食，也可令人神往，湧出無盡昔日情。

老友「卡通池」最懂我心。凡在街上見到經典美食，就送來一份。上周專誠由深井街邊買了大包路邊即做的沙炒栗子、炭燴番薯及鹽焗鵪鶉蛋，專誠送到我家，帶來無限驚喜。一開門，真的要大力擁抱。

116

新春，當然互相拜年送禮。今年，小弟收到最喜愛的一份禮，絕不名貴，但極有心思，接之歡喜死。因大紅手抽內，放滿香港製造的懷舊食品。若要買齊，必須跑勻港九新界。內裏包括：（一）鮮肉腸王（是「錦祥號」無添加臘腸，有六十多年歷史！）；（二）特濃蝦子麵（來自創業四十四年的「永樂粉麵」）；（三）麻辣櫻花蝦菜脯（來自「五味匣子」，由日本岩手縣櫻花蝦乾磨粉）；（四）蝦籽花生（有七十年歷史的「趣香」，外層酥化、粒粒金黃）；（五）家鄉雞蛋捲（陳氏夫婦名作，用湖北蛋、韓國麵粉及日本砂糖混合而成）；（六）辣椒醬（一九二二年創辦的「余鈞益」，威名遠播）；（七）齋燒鵝（一九二七年佛山開業，但扎根香港的「陳意齋」）；（八）白芝麻花生糖（來自一家元朗無人不識的手工花生糖專門店，煙韌不黐牙，低糖少甜）。

懷舊，無論人事物，真是快樂的泉源！

閒情逸致好心情

放聲高唱
減病痛

童年時，我住在「七十二家房客」式的舊樓，全部是床位及板間房。鄰里之間，除欠缺私隱外，聲音也直接互傳。於是，我常常聽到「交響樂」，粵曲、國語時代曲、粵語流行曲及歐西流行曲聚首一堂。我不單不覺煩厭，反之，非常享受。就此，兩歲開始，已懂得哼出不少歌曲。

人的記憶系統，愈年輕愈強勁。所以，成長期的歌，無論是《帝女花》、《鳳閣恩仇未了情》、《綠島小夜曲》、《禪院鐘聲》或披頭四（Beatles）首首金曲，我皆可一字不漏唱出。每當高歌，就感快樂。

退休後，時間更多，於是，近年組織了多個歡唱飯聚
Singalong Party，人人十分享受，十分期待。

之前就約了兩隊上世紀八十年代民歌比賽冠軍組合，包起
九龍城「小店」餐廳，召集三十位民歌發燒友，六點開波，
人人「隊」幾杯紅白酒，歌興即到，放聲高唱三小時。由
彼得、保羅與瑪莉（Peter, Paul and Mary）唱到 Simon &
Garfunkel（賽門與葛芬柯），再由保羅安卡（Paul Anka）唱
到老鷹樂隊（The Eagles），盡情高歌。

早前，小弟走入電影院欣賞《緣來自昨天》（Yesterday）
時，跟隨著主角一同大唱特唱 Beatles 名曲，快樂透頂。散
場後，想起，過去幾年非常積極唱歌，有一身心現象，就
是很少生病。

好奇起來，立即翻查醫書及上網蒐集調查數據。噢噢噢，
原來，放聲高唱真的可以減少病痛，因為，快樂，直接令
人增強自己的免疫系統！

美國加州大學羅伯特貝克教授長期研究人類的免疫系
統，發現壓力會對人體的免疫系統產生負面影響。但若
做快樂的事時，免疫系統則會增強。典型的快樂活動就
是放聲高唱。

閒情逸致好心情

研究人員發現，人們唱歌時，大腦會釋放一種名為「催產素」（Oxytocin）的荷爾蒙。這種荷爾蒙，會出現在新手媽媽給寶寶餵奶、初戀情人互相凝視時，催產素會使人精神快樂，增加互動感情。青春期的大腦也是特別容易釋放催產素，這就解釋到為何年青人特別快樂活躍，歌詞容易「上腦」。

研究人員同時發現參加合唱團的成年人，其染病機會較不唱歌的同齡組別低。

以上發現令華盛頓大學的科恩教授開展研究，對象是兩組65歲以上長者。一組在專業指揮下組成詩歌班，一組只過平常生活。一年過後，唱歌一組，在身心健康（尤其心肺功能）、社交關係、平衡力（不易摔倒）及情緒控制上均大有改善，水平超越不唱歌的另一組。

各位老友記，你想過著快樂退休生活嗎？送首木匠樂隊
（Carpenters）的 "Sing" 給你：

Sing
Sing a Song
Sing Out Loud
Sing Out Strong
Sing of Good Things, not bad
Sing of happy, not sad

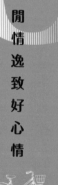

閒情逸致好心情

「鄉里碌」
聽管弦樂

老友香樹輝最近迷上香港電台第四台,為甚麼?因疫情令他更長時間在家,晚飯後,飯氣攻心,開着第四台,播出悠揚古典樂,聽聽下就會同「周公」個女談心。

阿香年輕時十分多粗口,去到中三,巧合下從電台接觸到古典音樂,哈,原來竟有靜心功效,性情被陶冶,立時粗口都講少好多。

近兩年,香港真係粗口滿天飛,事事令人煩躁,紛紛炒蝦拆蟹。哈,可否來個「全民欣賞古典音樂大行動」,降降大家心火呢?當然,騎騎,千祈咪由高官負責組織!

小弟素來只聽流行音樂，不論Band Sound或民歌，無不琅琅上口，一聽幾十年。但對古典音樂，則真是一嚿雲，只知大師級人馬貝多芬、莫扎特、巴哈……等功力高不可攀，但有多高？唔識欣賞。尤其心思思想去試聽時，就會旁邊有盆冷水照頭淋：「你呀，嘥錢啦，中場走人又或瞓着就失禮死人啦！」「係嘅係嘅，大人，你啱你啱！」

不過，緣份到，就聽到！

早前世侄女曾旭蕾誠意邀請我呢位阿伯，到香港文化中心音樂廳。做乜呢？正是欣賞她受訓多年後，終有機會以香港青少年管弦樂團成員身分，踏上舞台，來一場「經典電影音樂演奏會」。疫情肆虐大半年，音樂廳終於重開，大家隔位坐（舒服！），聽真人演奏，零舍高享受，絕對與「Zoom乜Zoom物」演唱/演奏會不可同日而語。放眼所見，全場皆小樂手及家長，大家喜孜孜，非常投入，一片祥和畫面。

十年前，小旭蕾只得幾歲，已開始鍾情拉小提琴。拉下拉下，拉到上台表演，令我呢位阿伯「老懷大樂」。

一如阿香講，古典音樂，真的可以提高個人修養及質素。
小弟見證，旭蕾受音樂薰陶，明顯比起其他同年齡青年斯
文淡定，優雅有禮。

看她在台上參與演奏音樂大師 John Williams 的精采作品，
真有強勁感染力，令我這位阿伯充滿澎湃欲念，決心開始
學習欣賞管弦樂！

廿分鐘
腳趾操

人，是一部機器。要保養，要抹油，要不停運行，才會操作正常。不過，原來好多人並無保養自己這副「機器」的習慣，直至出事，才急急補救。

最多我輩人犯，為童年時懶刷牙，但又日日不停食糖。於是，一隻又一隻牙被蛀，痛到飛起，找牙醫逐隻牙鑽洗再補。口腔劇痛外，父母荷包也如是，怎不「大刑侍候」（當年體罰乃正常而非反常！）。從此，日日刷牙囉。

早前舊同學聚會，「肥B」右手打石膏，「溫文K」則走路一瘸一拐。發生甚麼事呢？

肥 B：「上星期六行街，不經意踢着馬路邊，成個人向前仆。本能雙手一叉，右手腕『卜碌』一聲，痛入心肺，斷骨，唯有直奔急症室。」

温文 K：「這陣子唔知搞乜，腳板愈來愈痛。最慘朝早落床，腳板痛到飛起，要行幾分鐘才慢慢適應。但行久了，又痛。醫生話此乃足底筋膜炎！」

見到他們兩個的慘樣，都知幾痛苦。無法，他倆正是好日都唔保養的人辦，從不運動，到六十開外才出事，算好彩嘞。

上年紀跌倒或患上筋膜炎，真是「苦過 Dee Dee」。其實，可以避免的。例如「肥 B」，除行路應一眼關七外，最重要是日日拉筋，增加全身筋骨的柔軟度，一旦出事就能反應較快，減少受傷機會。

至於「温文 K」的足底筋膜炎，起因正是足部腳掌骨之間的肌肉反應差，因關節活動能力協調不足造成。其實，若早點開始每日做「腳底小肌肉訓練」，就可避免。

我點知？因最近發覺有個非常有趣，專攻五十歲以上中年的網頁，衣食住行貼士齊全外，最令我得益，是不少健康小智慧，例如教「腳趾操」來預防足底筋膜炎。

小弟如今煲劇時，就會坐在按摩椅做廿分鐘「腳趾操」。兩星期後，明顯腳板肌肉增強，正！祝大家部「機器」fit 到漏油！

沖涼時
記得自摸

人，要去時，可以去得好快。例如廖啟智，發覺患
胃癌後，只三個多月就離開。最近，小弟也有位老
友，行行吓街昏迷，第二日就「去咗」。之前，好人
好者無乜大病。

人可以「好化學」。但看另一面，也可以很長壽。以
前，人人聞癌色變，因普遍覺得是絕症，一患上，
就可能時日無多。

但隨着醫療科技突飛猛進，我親眼看到，身邊幾十
個患上不同部位癌症的朋友，超過一半完全康復
（尤其可以施手術割去部位的），只約一成最終不
治。即十個患癌，九個仍在世！存活率，不斷提升。

相信，隨着標靶藥日益先進，癌，已大致上不會再致命了。

最近，小弟與一位童年老友Y哥「飯聚」，咦，半年不見，為甚麼減了三、四十磅呢？

「Y哥，發生乜事呀，突然明顯急瘦喎？」

普通常識，凡身體並非因節食及做運動而瘦，若更是插水式急瘦者，必定身體出現重大問題。一般是糖尿病藥物反應、情緒抑鬱厭食，又或，生癌——正常細胞被癌細胞吞噬。

果然，Y哥答：「碌 Sir，唉，唔好彩囉，已經第二次生cancer呀。好在，經過四個月標靶藥治療，終於，前日見醫生睇報告，所有癌症徵狀消失，才call你出嚟食返餐好嘅，及分享經驗啫。你記住忠告中及老年朋友，以及，透過專欄再三提醒上年紀的讀者，每日沖涼時，一定要自摸呀！」

何解呢？Y哥指出，最認識自己身體的人，就是自己。若有何不妥，必定出現某種訊號，最普遍的是發燒、痛楚或出血。若持續，必定有問題，快去尋醫。

另外，也可能患病時，完全無以上三樣訊號，而是第四樣，皮膚出現「不明物體」，由於不會痛，故要摸到才發覺。所以，沖涼時要周身摸！

Y哥正是半年前一次沖涼，摸到大腿內側長出腫塊，立即搵醫生，一驗——淋巴癌！

幸好發現得早，立即花幾十萬用標靶藥殺癌細胞，才能三個月斷尾！

快樂
覆診

正常大都會打工一族，尤其具責任心、上進心及自我有要求的，必定四十歲開始捱出各種病。不少病，一出現，就跟足一世。

譬如，我就有高血壓、眼中風、心臟病及精神情緒病，全部要按時覆診。

到公院覆診，當然麻煩，次次排大隊。但我呢，排隊時看看手機報紙外，也可觀察其他病人，時間很快便過去。到見醫生時，若有少少幽默感，都幾好玩！

前天又到精神科覆診期，照舊在大堂等呀等。然後，護士大大聲嗌咪：「曾智華，七號窗。」

小弟也有少少知名度，一嗌名，全場上百雙眼睛立即行注目禮，他們再交頭接耳：「嘩，原來佢真人係咁樣㗎！」慣晒，正常。

入到診症室，睇開的顧問醫生已退休，換上一位五十開外，有少少「師奶feel」的醫生。戴上口罩，全程看著電腦：「曾先生，X教授退休，我接手，循例問基本問題！」

之後，開始一問一答。問得短，我回答也短，但口不對心，內心的自己再答，好好玩！

問：「還有無自殺傾向，想死？」
口：「無！」
心：「嘩！退休後咁好玩，點會想死？最好活到百二歲！」

問：「家人關係呢？」
口：「和諧！」
心：「日日俾『老虎㖄』哦（嘮叨）時，唔出聲咪無事囉！仲有，仔大女大，間中窒為父兩句，『骨』一聲吞咗佢就算，一隻手掌拍唔響，人老精自然鬼老靈啦！」

問：「有無暴肥？」

口：「近期宅在家，肥了兩磅！」

心：「麻煩你抬頭望望我，咁Fit，點會暴肥呀？」

問：「瞓唔瞓得？」

口：「瞓得！」

心：「哈哈哈，晚晚灌幾杯紅酒，即時變『爛瞓豬』啦。退休後無牽無掛，每晚一落床就到天光。仲有，學『國內高幹』，下午又來個晏覺，不知幾正！」

問：「退休後，有無覺得無聊，覺得悶？」

口：「無！」

心：「悶？我日日寫咁多文章，凡清醒就會在我的Fanpage『Luke Sir 曾智華』發帖，娛樂超過七萬幾擁躉，日日將『渣斗』高官當沙包打，代大眾發洩怨氣，都不知幾正，怎會悶？」

問：「胃口好唔好？」

口：「好！」

心：「遇上垃圾食物，胃口就差到不得了。遇上美味的，就狂風掃落葉，隔離枱嘅都嘟埋！」

問：「曾先生，唔錯，下年見啦，好唔好？」

口：「好！」

心：「咁好玩，不如每個月都來玩？」

整個覆診過程，「師奶醫生」就像機械人，一眼都無望過
我！今次，真係「快樂覆診」嘞！

不接受
更難受！

前周，《經濟日報》副刊登了一篇報道，擺在不顯眼位置，但同時也有放上網。幾天後，編輯通知：「碌Sir，你篇《林建明曾智華教路三招應對情緒》，閱讀率超過四萬呀！」即係，香港很多人有情緒問題，故強烈地欲知文章內容囉。

情緒，人人皆有，本屬正常。若合理地波動，並沒大問題。但若不時急劇高低躍動，則極易影響身心健康。其實，醫學界早指出不少生理上的疾病，是由心緒不寧、壓力太大及長期抑鬱而來的。所以，若不能紓解情緒，免疫力必差。這時，就肯定出現「病欺人」。

故此，管理情緒，極重要。

早年，小弟遇上一個智者，以一句説話啟發我的思維——不接受，更難受！

意即，人生中很多事的發生，部分是有原因的。有些，根本沒有原因（例如意外）。遇上事情時，若天天大喊：「Why Me！」，只是不接受事實，只會長期在苦難漩渦上打轉而萬劫不復。

我的大半生中，亦試過幾次突如其來的苦難，幸好早早領悟智者之言，故此，每次都本著「喊都無謂，積極面對」去接受現實。

一次是在美國發生大車禍。高速行車時爆軚撞欄，我由車頭玻璃飛出，倒臥血泊。由那一刻開始，已準備接受下半生要在輪椅渡過。果然，接受了，就沒太難受，正面心態的確有助康復。結果，半年後已慢慢可以下床走動。

另一次，幾年前，突然右眼中風。也是本著不接受、更難受的信念，先預備接受右眼變盲，不能康復的結果。有了這心理準備，然後再積極尋找治療方法。不怨天，不尤

人。終於找到德國一隻先進藥水「EYELEA」打入眼球（不少病人在手術前嚇到瀨尿！）後，才令中風情況不再惡化，保住右眼一半視力。

再說退休，身邊很多男性高官朋友，就是不能接受突然無權無責，甚至無人尊重的「透明人生涯」。天天情緒低落，由日出等到日落，很難受。

更多人，無法接受香港變成近日的「新香港」，終日愁眉苦臉，在群組上你罵我、我罵你。

一切會因你的不接受而改變嗎？當然不會！若不會，就應由你自己改變去適應客觀環境，振作起來。一方面接受現實，一方面積極面對。能拆解多少，就多少。

正是——山不轉？路轉！路不轉？人轉！

閒情逸致好心情

跟和尚仔
學智慧

過去兩年，用俗語來形容香港人情緒——真係人都癲！整個社會氣氛，就像抑鬱巨浪席捲全城。

但人生，總是要走下去。生活，也是必須繼續。若只坐困愁城日怨夜怨，日出呻到日落，絕不是辦法，更破壞免疫系統！

此時，應學習「抽離大法」。其中較有效的，是多接近哲學及宗教理論。若嫌太深奧，讀讀「和尚仔智慧」也可！

「和尚仔」是個漫畫人物，用淺白語言點出人生大道理，今天與你分享：

（一）「擔心太多不會減輕明天的負荷，只會剝奪今天的快樂！」與其擔心改變不了現實，就應在適當時候狠狠地煞停。不懂？學習啦！

（二）「慢慢變好，才是給自己最好的禮物。」世事沒必然。七十年代後出生的香港人，經歷經濟最旺盛時期，事事順風順水，減低了對人生無常及負面事情應對能力。心情煩躁，正常反應，但世情不會因個人意志而轉移！

（三）「真正的幸福，毋須來自驚天動地的大事，只要懂得欣賞生活中一點一滴的小美好，已可達到。」

（四）「真正美好而久遠的事情，總是晚一點才會到來！人，嚐過了苦，才會懂得珍惜之後的甜。」苦盡甘來，黑暗盡頭就是光明，乃千古不易之理。良性大氣候的誕生，是要經歷很多波折的。

（五）「世情及世人，其實沒有甚麼能力可以傷害到你。唯一令你受傷害的，是你對事/人太在意。」學習轉個角度，轉個高度看事情，萬事有機會解決！

閒情逸致好心情

(六)「大多數事情，不是你想得明白後才無所謂。而是，
你無所謂後，即會突然想得明白。」

(七)「世上沒有白費的努力，更沒有撞彩的成功，生命中
一切看似無心插柳的成果，其實全部皆是水到渠成！」

(八)「每個人都有自己的使命，勿與人比較，活好自己！」

(九)「世上沒有絕對幸福的人，只有不肯快樂的人。」

(十)「心若計較，處處是怨言；心若放寬，處處是春天！」

每日做足
七大Stay

時光瞬逝，退休經已七年。在毫無部署下，搞搞吓，搞出「快樂退休專家」的形象，四出被邀作演講嘉賓。令到更多人快樂，這份上天賜予的任務，確實Wonderful！

基於要研究「快樂退休」，自己思考外，更不停觀察身邊能達此境界者。發覺，全部有個Stay的共通點。今日與大家分享！

（一）Stay Active——切勿整天「宅」在家，一定要保持活躍，選擇一個或多個自己有興趣的圈子，可以是宗教、慈善或體育⋯⋯積極參與甚或組織活動。

(二) Stay Relevant——關心社會、關心世界，與之有連繫。切勿做事事不理的寂寞老人！

(三) Stay Curious——戒掉「咪又係咁！」、「我食鹽多過你食米！」的心態。對身邊一切，尤其新事物，保持好奇之心。對新科技，學得幾多就幾多，因為科技會將你引進一個無窮樂趣的世界，令你心花怒放。

(四) Stay Smart——向老化、放棄、迂腐、老套……說不！外型方面，要整齊清潔，無妨穿得青春一點。行出來，給人醒醒目目的印象，自然更多人樂於接近。

(五) Stay Social——人是社交動物，切勿離群。社交，由關心別人開始，多點組織及參加舊同學、舊同事等群體的聚會。有機會，認識多點擁有相同價值觀及品味的新朋友，開闢更多新關係。

(六) Stay Generous——退休大忌是變「孤寒」，甚至「私私縮縮」、過分計算。總之，在可行情況下，大方點，應使得使。間中找個藉口（生日、疫情減退、掛住你……）請朋友吃飯。毋須豪華，大排檔也可，相信對方感謝之餘，也會增進友誼。

142

(七) Stay Healthy——這項，至為重要，必須非常有紀律及積極地去規劃。最基本是早睡早起，飲食節制，持續運動。

心態方面，盡量要做到無仇無怨，切勿做任何會增加精神壓力之事（爭權奪利、要求不合理的回報……），心理影響生理，若兩者皆健康，免疫力自然提高，病魔遠去。

七大 Stay 做足，Stay Happy ！

143

4 躍上舞台 華麗綻放

未到終點
繼續玩

香港電台，一如大部分傳統機構，有個「退休員工群組」，由小弟一手一腳開辦，名為「香港電台舊生會快樂分享組」。

顧名思義，大家既已退休，難道還要每日精神繃緊打仗？要打，都留給在任接班人啦。所以，群組主要分享一點點快樂訊息（雖然間中難免對現狀睇唔過眼，要出聲！），談談人生意義及分享好餐廳之類。

坊間群組，最喜歡傳的一種貼文，正是恭賀——賀結婚、懷孕、做父母……到我們的年紀，就是賀做阿爺阿嫲阿公阿婆，以及，賀壽！

上星期輪到「氣勢新」張文新的六十七歲壽辰，「快樂舊生」當然排山倒海式祝賀，有的「行貨」，有的幽默。張笑容竟傳來一首《中大志》，哈，原來中大舊生竟有自己的生日主題曲，品味非常上世紀七十、八十年代，純情到爆。

一眾賀詞之中，小弟最喜歡肥仔Victor引述一個美國醫學界權威調查，指出——人類最黃金、最勁的年齡層為六十至七十歲，因歷史記錄顯示，諾貝爾獎得主的平均年齡是六十二歲。美國最成功的大型商業集團，董事局主席的平均年齡為六十三歲。

好了，人生第二段最黃金的年齡層，則為七十到八十歲。皆因美國最大的頭一百所教堂，主任牧師的平均年齡為七十一歲！歷史上多位教宗，在任時則是七十六歲。

就此，大家應可鑑定，人生能力及智慧達到最頂峰的年齡，是介乎六十至八十歲！

結論：張文新唔應該退休，快快走返去揺世界，應徵廣播處長（講笑咋）！

躍上舞台 華麗綻放

我又怎樣看？嘻嘻，其實，回顧小弟六十七年人生，就像馬匹跑大長途，段段跑，段段有，段段風光明媚，段段經歷值得細味回憶。而這場賽事，望望前面跑道，根本見不到終點。所以，應該繼續跑，繼續享受。

人生劇本早由上天寫好，我們有幸變成「主角」，應該投入且專業地演出，獲取箇中最大快樂！

風騷
退休卡片

早前，公開承認，我是Seenager（Senior Teenager，資深青少年），睇到不少老友哈哈笑，認同小弟的確全中！

其實，我是天生Sunny Boy，絕少會情緒低落，除天性外，更早早理解到任何事，任何人，都有光明面與黑暗面。尤其人，根本個個是「天使魔鬼混合體」。問題是「天使」大點，或是「魔鬼」大點矣。

再者，任何大事發生，我都不會太過惶恐或不知所措。最典型例子是一九七六年，在美國讀書時，放大假，租了一部小巴，載着十四位同學經加州海岸公路到不同城市旅遊。十二月中一個白雪紛飛的日

149

子，在當地最長的 I-5 超級公路，車子高速過百咪時爆胎撞欄翻車，我被拋出車外重傷，目睹小巴不停翻滾。換着其他人，多會嚇呆或暈倒過去。我呢，反而非常冷靜敞臥鮮血中，與停下搶救的司機們，商量如何一一救出被困同學。

事後，我對自己的冷靜態度也有點驚奇。

回說近兩年香港發生的陰暗日子。同樣，我一點也沒驚過。對於種種出現的「黑天鵝」，亦很平靜面對。因為，大部分看似突然的現象，其實，幾乎全部有其因由。

一直以來，我都抱着一個時事分析員的抽離態度看人、事及物。

正所謂物以類聚性格使然，我亦遇到不少正向看世態者，永遠在尋找事物的 Brighter side。深信，一切皆有因由，一切皆會過去。

有一位老友，曾是高官，昔日大權在握，如今退下，對所有光輝時刻，毫不珍惜。反之，印了一張新卡片，見人就派。

上面，當然有名字。至於職銜，則 "Happily Retired"。
最新情況是：No Office, No Business, No Loan, No
Dependent, No Addiction, No Job, No Target, No Debt,
No Boss。最重要——NO WORRIES！

另加按語——Available for: All kinds of FUN！

係咪好好玩呢？

早前旅遊，行過間禮物店。我亦買下一張卡片（見下圖），
大概也可以描述自己的退休心態！

NO DEADLINES   NO OBLIGATIONS

RETIRED

ASK SOMEONE ELSE

MON-SUN: DON'T CALL
NOT MY PROBLEM   DON'T EMAIL

米芝蓮
社交平台

前文提到一位溫文爾雅的K教授，被一大班「五毛」搞到人都癲，凡她批評觸及任何政治或內地議題，「五毛」就會洶湧而出，在她的社交平台「搗亂」，又粗口又恐嚇，問我「點搞？」解決方法，易過借火——鎖戶、刪除，全部掃走，請他們「過主」！K教授照做，三日後來電：「碌Sir，原來真係咁鬼掂，而家舒服晒喇。」

專欄見報後，也有不少KOL老友問：「喂喂，碌Sir，咁會否趕走晒啲擁躉㗎？」

KOL們多有個想法，愈多粉絲愈好，所以，社交平台多似林鄭口頭禪——無掩雞籠。結果，擁躉可能

很多，不過搞到品流複雜，「五毛派」、「發泄派」、「粗口派」、「顏色派」……各據地盤互片。

我的宗旨與其他KOL有點不同，堅信經營自己的「粉絲頁」，就有如經營一盤生意，未開張前，一定要搞清楚自己的定位，鎖定想有甚麼形象、想吸引甚麼檔次的粉絲等等，然後草擬大計，按部就班去一個一個擁躉「儲」。

經濟學有一個理論——劣幣驅逐良幣。土瓜灣街市可作例子。本來，裡裡外外有不少菜檔，專賣高質素本地蔬菜，不過，幾年前突然開了幾家無裝修、簽短約的「走鬼檔」，大量內地各式廉價蔬菜日日運到傾銷，便宜得出奇。

外傭及主婦們貪平，紛紛幫襯，於是愈開愈多。慘！街市內本來堅持賣高質素蔬菜的檔主，無晒癮，不少被逼到執笠或加入賣劣質菜。只有少數堅持的，靠一眾死忠熟客頂住。

以上，正是劣幣驅逐良幣最佳例子。

我呢，希望搭建一個「米芝蓮社交平台」，只收斯文高品味客人，提供優質服務、氣氛及內容，更重要，你能成一分

子，乃身分象徵。於是，2019年開始，我非常積極「鎖戶」及刪除粗鄙、壞品味、不講理及核突「五毛打手」的戶口及留言。

小弟發現，掃除「五毛幫」及「粗口幫」等「劣幣」後，即有大量有學識、講道理、懂分析的「良幣」湧入，因有「人以群分，物以類聚」效應。掃走一群躁狂粗口族後，有教養，有品味，接近我價值觀（講理、正義、自由、民主、和平、法治）的粉絲，會愈來愈多。

我從不邀請任何人「讚賞」網頁，只重質不重量。結果，年多下來，慢慢單靠有機積聚（Organic growth），日日追蹤的擁躉，已有七萬多。

至此，我極好奇想知，究竟這七萬多粉絲，是何許人？於是，請專家做研究。發現：

（一）遠比我想像中年青。本以為退休人士應只吸到退休者follow。原來錯！七成擁躉集中在25至55歲。當中，35至44歲佔三成多！女性粉絲有五成半。

（二）教育水平相當高。超過七成半為大學畢業或研究院畢業者。

（三）伴侶關係。七成已婚，一成有穩定關係。兩成獨身。

（四）喜歡的人物及機構，包括張達明、張堅庭、潘焯鴻、何桂藍、葉一知、曾志豪、呂秉權、譚蕙芸、畢明、李怡、顏純鈎、林夕、香港記者協會、香港中文監察、香港電台工會。

（五）喜歡的電視節目或書本，如議事論事、頭條新聞、鏗鏘集及《有種責任叫堅持》。

現代科技真厲害，根本不用做甚麼調查，只要你在手機一按入我的Fanpage，立即，你的一切背景，已呈現。真是「得數據，得天下」！

躍上舞台 華麗綻放

與生俱來的
任務

經常有人問我:「碌 Sir,點解你退休唔悠悠閒閒享受人生?搞到咁頻撲,日日寫咁多嘢,又不停在粉絲頁出帖,好勞累啫!」

以上是一般人的觀點。總之,覺得退休後,就應該「享福」,Hea吓及無所事事。

小弟又如何?

一切由小學聖經班講起!當年學的一切,除咗十誠記得幾誠外,全部已「交回」修女老師。但,有一句,在八歲時接觸到,恍似靈光一閃,從此牢牢釘在腦內,從未褪色。

正是問：「我為甚麼生在世上？」

簡簡單單的問題，多年來像一條鞭，不停在小弟靈魂上鞭策，督促我絕不浪費每一天。

不浪費，不等於「捱」，而是，用盡自己天賦，去「享受」每一天。

多年前，投考羅富國教育學院（已拆除）及之後的香港電台，兩次皆非常坦率向主考官道出：「我最大的人生願望，是能天天與所有人分享快樂、知識、分析……甚至美食、音樂等！」

道出心底話，語調誠懇，當然一擊即中。 事實上，我覺得上天早早已為自己的「我為甚麼身在世上」定下劇本。

教學，是分享；做電台，是分享；寫稿，當然也是分享。這個「分享使命」，並不因我的年紀或所屬機構有所轉變。

我有我的願望，市場有市場的需要，兩者脗合，如魚得水。

事實，小弟天生好奇，多口，見到任何社會現象，皆有個人分析。分析，放在心裏有甚麼用？透過不同媒介發放，令受眾有多一個角度看事物，這正是我與生俱來的任務呀！

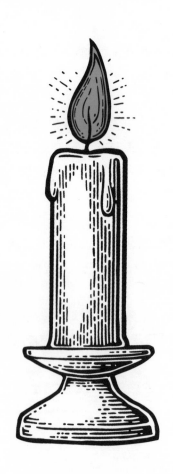

做個
「快樂蛇頭」

「蛇頭」這個形容詞，本來非常正面，代表前領者、組織者，又或領袖。

奈何，後來被新聞報道用來形容安排偷渡的犯法者，慘被「污名化」也。

其實，任何大小組織，正是蛇無頭不行。所以，一定要有人願意挺身（也可能被屈或自己搶住做）擔當蛇頭位，萬事才可開展。

小弟多年參與不同組織的觀察，肯定大部分人皆不願做「蛇頭」，因太煩。故除非屬工作責任，否則，多只願做個懶懶閒的跟隨者。最大好處是「Free

Ride」，甚麼也不用做，純享受成果。若「蛇頭」安排不周，更可指手畫腳批評之，非常爽！

好嘞，既然做「蛇頭」又煩又分分鐘被「柴台」，為何仍有人肯做呢？若是政治圈及職場，容易解釋，因有權又有利，回報極之可觀也。

但到非牟利、慈善又或朋友同學圈子，怎解釋？這個，就要講滿足感了。除了施比受更有福的深層次貢獻哲學外，做「吃喝玩樂的蛇頭」，也是無比快樂。小弟正是天生後者典型人物，由中學開始，從未停過組織令人人happy的活動（希望成功啦），或舞會，或旅行，或BBQ，或划艇……總之就是吃喝玩樂。

煩唔煩？好煩！因要安排場地、交通、約人……遇上無責任感的，又會隨時「放飛機」，甩底而無任何內疚感（兩次後拜拜作懲罰！），正牌負能量人。

不過，當我見到參加者個個全程臉上掛著笑容，一切付出皆絕對值得。這是只有服務他人才能獲得的滿足感，是存在價值感。

退休後，利害衝突少了，時間多了，小弟更積極投入「快樂蛇頭」角色。將親戚、朋友、舊同學、舊同事、舊同業……分成多個小圈子，由我定期組織美食歡聚。與同聲同氣同價值觀念者走在一起，即有說不完的話題，說不出的快活。再加上紅白酒任灌，超正美食任欣賞。這種過足癮的感受，能在平日刻板式的生活找到嗎？

一切，皆需要有充滿投入感的搞手領導。這個「蛇頭」位，捨我其誰？真是退休後的一大「事業」，天長地久都唔會厭倦也！

4

躍上舞台 華麗綻放

大放「蛤姆」
隨街跳

小弟曾多次公開表明，退休後立即拒絕見三類人：
（一）人生只懂講錢的「市儈佬」；（二）強調「萬事有
個價」，隨時出賣家人和良知的人；（三）只知「人
不為己天誅地滅」的自私一族。 咦，原來，拒見這
三類人後，立即可以清閒不少；心靈又乾淨不少；
自己照鏡，俗氣減了不少；最正，健康也增強了不
少！

好了，拒見的人，清楚列明。那麼，有無想見的人
呢？當然希望多見有修養、有文化、有品味、有質
素、有善心、有禮貌……的人喇！

正常人，一定喜歡真善美（難道會愛假惡醜咁變態？），追求接近優質的人事物，我當然如是。

另外，退休後，沒上司、沒下屬、沒責任。一切，只向自己交待。於是小弟決定不停「放蛤乸」。即是，不問回報，免費幫值得幫的人！

例如，自己為食。故此，希望能令有質素的廚師及食肆，得到更多人欣賞。

做法簡單，我不停遊走台灣、大灣區及港九新界。日日食呀食，一發現有心有火有潛質的廚師及食神，就在個人專欄及社交平台寫下電話、地址和相片描述推介。

基於小弟在電台、報章及個人網頁多年來塑造出「為食鬼」形象，亦餐餐真金白銀找數，故推介飲食時，有一定的公信力（萬事透明，只要你收一次錢「唱好」，立時通天，何來公信？）。

通常，小弟會先低調以顧客身份，試勻多間目標食肆。認定其出品超越同行，才邀約訪問及拍照，然後推介。香港及台灣皆順利。但一到國內，小弟試過訪問順德、東莞及

躍上舞台 華麗綻放

深圳出色食肆，十間有七間耍手擰頭：「我們不需要宣傳，謝謝！」

奇！打開門做生意，有人替你免費推廣，竟然拒絕？這是甚麼心態？

剩下三間，無拒絕，但負責人開門見山：「要收多少錢？」

意即，國內媒介的所謂「食經」，十九「收水之作」。我答：「香港文化，一個仙唔收，只因你的確出色，我才會介紹！」

對方竟曰：「乜咁大隻蛤乸隨街跳？」

近年，我又再進一步。凡見到自力更生，積極奮鬥的食物製造者，供應商及入口商，只要有誠意，產品質素上乘，也一律「放蛤乸」在媒介介紹，鼓勵更多消費者支持。

小弟的「義助初創者起飛計劃」，算略有所成，吸引到個別商界老友注意，竟問：「收唔收錢？」

「吓？收錢就唔叫義助啦！收錢就變賣廣告，有乜公信力？
香港呢兩年咁慘，大批有心有力專業人士及各式打工仔陷
於水深火熱。若他們願轉型，我一定支持。如今小弟有少
少影響力，幫人一把，可能是上天指定任務呀！」

我不求回報，卻相交大量沒有利益衝突，只有互相欣賞
的新朋友！任何優秀初創者，只要你的出品是好的（一定
要！），搵我啦。

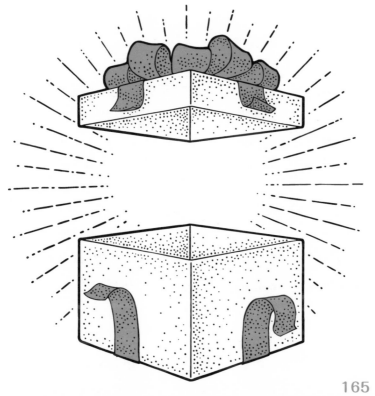

世上有人
需要我

早前，到西九龍警察總部，向大群各級警務人員分享「快樂退休」之道與介紹抑鬱症。為何兩者會一起講？因為不少警務人員，尤其高級的，退休後會突感失落，皆因只有五十多歲，「英明神武」了三十多年，有權有責有貢獻。但到退休那一秒，立即變無權無責，亦不知作為一個人，活下去再有甚麼貢獻。

女的，多較易處理，因她們的權力慾及英雄感較低，容易合群，兼可能嗜好多多，天天跳排排舞、插花、扮靚、瑜伽、旅遊、High Tea……已樂不可支，再加點點義務工作或湊孫，肯定非常充實。

男的，一旦失去權及責，會立即陷入「絕對空虛」心理狀態。基於多年被人 Sir 前 Sir 後專稱，很難想像自己竟變成一個「朝早起身等日落」的閒人。沒法適應及轉跑道的，不少會變抑鬱，有大量例子，更鬱出各式隱疾，包括癌症，所以，退休後平均只有幾年壽命。

小弟與他們分享的，正是退休後為自己搭建一個「舞台」的重要性。天天起床就等上「台」，在台上，有人欣賞，有掌聲，最重要，感覺上是每天世界上都有人需要這感覺很正，亦能令退休者充實而有意義地積極活下去。

我引出多個例子，包括領展（0823）前對外事務總裁盧炳松，退休後成立「基督為本基金」，專門為臨終者完成人生最後一個願望。成立至今，已完成幾十個極有意義的個案。作為基金董事，小弟與有榮焉。

另一位典範為離世長輩麥陽輝。退休時他已雙目失明，但擁有非常健壯的精神，選擇了以探望在囚人士、聽他們傾訴的「舞台」，每天風雨不改走遍全港監獄，令不少囚犯覺得世上仍有人關心自己，出獄後從良。麥叔叔的默默貢獻，感動了不少囚犯，同時亦感動了懲教署職員。

談到退休心態，前高級助理警務處處長鄧厚江，更有一番感受，2014年退休後，罹患深度抑鬱，恍似由天堂掉下地獄，幸最終能走出接近死亡的幽谷，誠心分享感受：「我過去是完美主義者，一直努力以成就去維持自己的重要性，不懂得『Hea』，也鄙視那些『Hea』的人。若非經歷徘徊生死間的抑鬱經歷，我可能仍然在自我膨脹！其實，人真的很渺小，也有限制，始終會有解決不了的問題，學習接納自己的不完美，尋回強者形象之下的自己！」

有舞台
有光彩

1993年，當時的青春玉女歌手黎瑞恩，以非天王或天后的身份，憑一首《一人有一個夢想》爆冷，奪得當年「十大勁歌金曲」獎項。

此曲大熱，皆因正中所有年青人的內心世界。年青，正是追尋夢想的年代，當然應該朝着這方向奮鬥！不單是事業，愛情也如是。

好了，到了退休年紀時又如何？追的夢想，若仍未實現，就要問問自己為甚麼？可能，要接受現實，承認不足，降低一下要求了。

退休者，需要的，其實不是夢想，而是一個「舞台」。一個你每天可走上去「表演」的地方。而台下，則有「觀眾」欣賞你，需要你，數量不限。這已十分足夠。

我一直鼓勵身邊男性朋友，一退休即要盡快做的，就是搭建一個「舞台」，非為謀生，而是追求一種繼續存在的價值。這個「舞台」，有人替你搭建，固然好。若無，自己動手可也。

早前收到老友黃子程教授的一張靚相，真替他開心。因老黃找到了一個新舞台，正是香港電台邀請他每周與李怡、岑逸飛等文學高人，輪流主持《一分鐘閱讀》，介紹好書。有了新舞台，老黃立時神采飛揚，恍似注入一股青春劑。

搭建自己舞台，我認為蔡瀾、胡楓及昔日TVB的「公關大王」曾醒明皆是高手。

疫情之下，一切停頓。但好一個蔡瀾，絕不甘心輸給病毒。於是，雖困在香港，但每天皆跳上自己搭建的舞台，表演炮製各種中式醬、研發各式味道的咖喱、寫大字、寫專欄、回覆粉絲……總之，就是天天站在「舞台」，自娛，兼娛人。

胡楓又如何？快近九十歲了。既然行得走得，生活無憂，經濟全沒問題。那麼，搭個甚麼舞台好呢？簡單，請問，誰最希望見到「修哥」真人呢？正是與「修哥」差不多年紀、一同長大的一群，當中大部分人已入住護老院。所以，胡楓最大的舞台，就是港九新界各區的護老院！我看過，舉凡「修哥」出現，就算不能動的臥床長者，雙眼也似駁上電源，閃出一陣陣光彩！

最後，曾醒明的「舞台」，也不得不令人佩服，正是不停將物資及捐款，運到生活極苦困的泰國北部落後山區，為大群已幾乎被地球遺忘，戰後留下一代又一代的貧窮華人，提供基本生活及教育。

有舞台，有光彩，你的一個又是甚麼？

躍 上 舞 台　華 麗 綻 放

5 紳士淑女 優雅楷模

蔡瀾
一生都在「退休」

童年時，經常被長輩忠告：「智華呀，記住，做人要專注一強項，切勿變『周身刀，無張利』！知無？」正是言者諄諄，聽者藐藐。我從來不贊同。當然，為免麻煩，也不會駁嘴。

直至在香港電台工作後，認識了蔡瀾。更肯定，人，其實是可以「周身刀，張張利」的！

年近八十歲的蔡瀾，是我（為數不多！）的偶像。作為粉絲，小弟頗受他的人生觀影響，再跟隨。其中有兩項最重要！

（一）山不轉路轉，路不轉人轉！基於蔡瀾早年出任電影監製，不斷在東南亞各國奔跑，協助電影製作團隊解決古靈精怪的問題，又要面對不少擺架子、難相處的「性格導演」及「天王巨星」。所以，再棘手的人、事、物都遇過。久而久之，真真正正可以做到「天跌落嚟當被冚」。世間上沒有不能解決的事，轉個彎就可以了。例如，早年豬流感傳入香港，有一段時期無新鮮豬肉食，蔡生在電台就以開朗笑聲話：「駛唔駛死？無新鮮豬肉食，可以食歐美急凍豬肉。再無，可以食牛肉羊肉。再無又可以食雞鵝鴨海鮮。就算乜肉都無，簡簡單單食齋菜生果也可，駛乜成個大喊十咁呀？」

這種豁達開朗，小弟百分百認同及跟隨。

（二）著名食肆無給我留位？最好廚藝輪不到我欣賞？易！一於努力寫寫寫。寫甚麼？寫食經！由寂寂無聞寫到人盡皆知。自然，間間食肆歡迎你，個個大廚見到你都「神咁拜」！

是否次次做到？當然不是。但這種主動開拓的精神，若有之，能令一個人在人生很多環節上，皆無往而不利。

紳士淑女 優雅楷模

蔡生一生快快樂樂享受人生，恍似從不需要認真工作，就像日日在退休，在享受人生。

其實，蔡生根本沒興趣，也不會過俗世的「退休」生活。反之，他仍然「周身癮」，不少「癮」更足以為他帶來財源滾滾。例如，過去年多面對疫情，被迫留港甚至留家，蔡生積極研究食品、寫書法、寫揮春、拍YouTube飲食節目、寫專欄……充實到不得了，在笑看人生中渡過每一天。

蔡瀾還有幾點是值得小弟努力學習的：（一）準時；（二）守禮；（三）整齊；（四）衛生；（五）事事求專業。

第五項，非常重要。若不追求事事專業，那麼，你只會永遠是個「周身刀，無張利」的平庸之輩。

香樹輝
繼續開咪繼續傾

過去十年，同輩老友一個又一個退休。男的，尤其高官，十之七八不太快樂，因無權也無責，即是失去了供人欣賞自己貢獻的舞台。無舞台，等於無得表演，無觀眾。即使衣食無憂，也要日日唱蔡楓華名曲——《絕對空虛》。

不過，總有例外。例如「中環花蝴蝶」及「中大護法」香樹輝，小弟百分百肯定，他將會是一位快樂退休之星。

先由人緣開始說起。阿香朋友遍天下，為甚麼？因看台公論，阿香是百分百坦蕩蕩君子，以誠待人，無架子。老中青男女皆可溝通。最重要，守信用！

為甚麼我會知道？因曾身受！1994年，香樹輝（一時衝動？）重資購入《華僑日報》，做大老闆。他甫上場，徹底改革，小弟是其中一位被邀寫稿的人。老朋友叫到，毋須講稿費，立即效勞。

不幸地，《華僑日報》終因經營太困難而停刊。理所當然，阿香蝕到眼坦坦。

如此情況，反正已執笠，一般東主都不會再找稿費的尾數。事實上，我當時亦全無要求，更無追數。

豈料，半年後，支票送到，香老闆一個仙也找清！

由此可見，香樹輝的品格與風骨。事實，他亦是「周身刀」，所以，工作邀約不絕。除了以多個筆名寫專欄，出任過多份報章及刊物的高層行政人員外，更長期擁有自己的公關公司，為全港不少大機構出謀獻策。

約廿年前，他開始於新城電台主持早晨黃金時段。未落實前，小弟建議他一定要「開天殺價」！因當年電台早晨節目有二百多萬聽眾，本來，主要由我的《晨光第一線》及鄭經翰的《風波裏的茶杯》瓜分。新城欲加入戰場，等於希望重

錘出擊。作為老友，我大力鼓勵他「吊高嚟賣」，若出場費不夠，別做！

這世界，永遠是人求你時，特別吃香。聽說，新城開的價，乃廣播界頂級，香生收入不菲矣。

今天，香樹輝已七十開外，enough is enough ，決定由前線退下，封咪。他的退休生活，肯定快樂。專欄可以照寫（多三兩個？）外，百計老友排隊約食飯（當然包括我！）。最重要，繼續投入一星期兩次的賽馬及湊孫。疫情過後更可四圍飛，每個月到他的「第二家」曼谷嘆世界。

不少人慫恿阿香開YouTube Channel，專講波、馬、投資及江湖秘聞。

咦，都係小弟強項嘛，預埋我一份呀！

陳南祿
退休後再轉跑道

前文提及，男長者要有「品味」，其實，還有一項，任何男性如有，皆能增加自己的吸引力，正是——風度。風度來自學養、見識、修為、心胸及大方得體。

有風度的男人，大多信心十足，兼且，具幽默感及經常微笑。小弟其中一位剛晉身長者（65歲）的朋友陳南祿（Philip），表表者是也。大家相識，應是六十年前，因我倆皆「女校男生」，在跑馬地成和道的寶血小學暨幼稚園就讀，一班四十五人，四十個女生，可以直升寶血女子中學，而男生，小學畢業就要説再見。

陳南祿在香港商界及公職界，名字響噹噹，大家只要上網一查，就會發現，他的一生最少有其他人三生的體驗，絕對燦爛。

1977年大學畢業，立即加入太古集團（0019），獲鎖定成為被栽培的尖子。最輝煌業績是在2004年，成為國泰航空（0293）第一位華人行政總裁，致力將國泰及港龍合併，使之變身成一個地區樞紐航空集團（Regional Hub Airline）。同期，真是精力無限，又被政府大力游説，頂起「蝕到攤攤腰」的海洋公園董事局主席一職。業績説明一切，Philip上任不久，已將一盤爛帳扭虧為盈，確實是，點到你唔服？

2010年，陳南祿第一次「退休」，Enough is Enough，離開服務了三十三年的太古集團。但身為殿堂級管理人，當然有眾多眾多人向他招手。最後，恒隆集團（0010）主席陳啟宗捷足先登，將Philip羅致旗下出任CEO，幾年時間，已執正集團不少中港業務。2018年，真的捱夠了，他遂向陳主席提出，退職CEO，只保留顧問身份，繼續出謀獻計。

Philip如今六十六歲，當然應該退休。但精明的退休者，絕不會「懷緬過去常陶醉」，一定是「頭也不回轉跑道」。陳南祿當然如此，仍然健壯，豈可變「宅公」？加上，他擁有如

此雄厚背景，當然又再出現大量Offer。錢，搵夠了，財務已百分百自由，Philip應該怎樣在人生路前行呢？

(一) 將自己所有經驗傳承，回到母校香港大學出任經濟及工商管理學院實務教授，同時，也抽空到日本上智大學任經濟系客席教授。

(二) 大重任矣。2020年開始出任馬會主席！此君乃著名「橋王」，一坐正，花樣立時層出不窮。馬會主席這份「義工」，最適合這類高手。

Philip上任馬會主席後，馬會出現的包括：（一）山光道新會所開幕；（二）回饋一千元消費券給會員，以補償疫情時大家的損失；（三）推出大受歡迎的二重彩；及（四）將投注中心大大升格為充滿科技感的馬會茶餐廳，是革命性變革，大家有空，一定要見識吓！

以上四項，只是陳南祿上任後的「初步」出招。最新！馬會將開拓大灣區賽馬產業，2025年國內開始舉辦常規性賽馬，驚天大突破也！更亮麗的，肯定陸續有來，為馬迷，為慈善事業，以至為整個香港帶來喜訊！

曾俊華
與年青人打成一片

人生的一切，我早早理解劇本已經寫好。一切生命中的人和事，應出現時就會出現，毋須刻意，亦毋須強求。

最近又一次發生在我身上。

小弟入政府三十多年，有幾位高官，我極之「欣賞」（由下而上也可以！），覺得若公務員生涯有機會跟隨他們學習，肯定能夠自我提升。

其中一位高官，正是前財政司司長曾俊華（John）。

結果，我做到退休亦未能償願，無法。

不過，叮！早前竟然「天降甘霖」。一個推動環保的NGO團體「健康空氣行動」（Clean Air Network），基於香港在減少空氣污染，仍未成功，導致不少老弱及長期病患者健康受損，令公共醫療負擔不停增加。故此，希望督促政府在減排及零排放方面，加速制訂政策，淘汰柴油及電油車，更應盡早推行全電動公共巴士。

曾俊華作為前財爺，十多年前已開始策劃整個部署，但為甚麼時至今天，「同志仍未成功」呢？

於是，「健康空氣行動」決定拍攝一段短片宣揚環保訊息，並由曾俊華解釋當中遇到的難題及解決方法。製作人突發奇想：不如搞個「電動巴打」（Brother）形象，由兩個「曾Ｘ華」一問一答帶出背景資料，然後游說市民加入推動環保概念吧。

就這樣，小弟有機會與偶像攜手合作矣。

一日的拍攝期，頗多空閒時間。大家對談下，再次肯定不少有識見香港人的悲嘆：「為甚麼曾俊華不是特首呢？唉……」

曾俊華的作風絕不離地，經常與年青人打成一片。

5

紳士淑女　優雅楷模

事實擺在眼前，John有齊成功民選特首的條件，包括：有人緣、有親和力、不離地而入世、有品味、有文化、幽默而具同理心、溫文有教養、知識淵博、寬宏大量、以理服人、具國際視野、謙虛有禮……

更更更重要，若由他出任特首，肯定有大量賢能願意舉手加入政府的管治班子！

可惜……又是天意吧。

拍攝當日，曾俊華所到之處，所有市民見到「薯片叔叔」時，皆展露由心而出的快樂笑容，紛紛要求握手、拍照、簽名……

民心民意民情，絕不能人為刻意打造，因最終會穿崩！政治人物，愛民，必須是真摯的！

塞翁失馬。如今，退休的John，天天享受平民化的悠閒生活，並規定自己「做啲嘢」。包括：與年青人多聯繫；研究科技；做對社會有好處、有前瞻性、有「顛覆性」（打破舊傳統及框框！）的事。真是極「有卡士」的退休人辦！

曾醒明
組團到泰北行善

普通讀者,可能不太清楚曾醒明是何許人。但過去半世紀,任何傳媒人,尤其電視人,不識老曾者(或未試過有任何聯繫),肯定是「新嚟嘅」或「好打有限」。

因為,曾醒明乃行內公認的「公關之王」。在TVB工作四十多年,由1973年開始,雖則多次被挖角,但仍忠心耿耿,一直到六十三歲才「被離開」。

為何是「被離開」?因幾年前,TVB換了大股東,引入不少新文化。其中之一,是與部分傳媒的關係,採取「對著幹作風」。

曾醒明一向的原則是「四海之內，皆兄弟也」，所以，他能與全港傳媒，由普通記者仔到老總級，皆「有偈傾」。就此，無綫電視歷年出現的負面新聞（包括台前幕後緋聞及醜聞），皆一一拆解，故早早獲電視行業公認為「拆彈專家」。

幸而，老曾朋友遍天下，兼且，生活儉樸，所以，「被離開」後生活仍相當充實。尤其，早早建立了一個非常有意義的「人生舞台」。

讀者一定知道，我素來強調退休者，尤其男性，必須搭建自己的「舞台」，可以在退休後，繼續發光發熱（不是為金錢），有表演機會，有人在台下欣賞，更重要，每天有人期待著你出現。

長期工作於紙醉金迷、權力互鬥圈的曾醒明，早早看透名利生活不適合自己，故此，工餘一直積極找有意義的生活寄託，瞓身加入義工行列，讓心靈得到充實的正能量支撐。

可能是天意吧，老曾在1977年結識了一群熱愛中國文化的朋友，組成「莒光文化服務中心」宣揚中國文化。再於八十年代，讀了柏楊的作品《異域》，內容描述國共內戰末期，

「送炭到泰北」乃曾醒明的終生舞台，見到泰北難民的生活天天改
善，曾醒明相當滿足，也體會自己存在的意義。

大批華籍孤軍流落到極貧脊泰國北部山區的慘況，立時受觸動。這批變成無國籍難民的華人，像被世界遺棄，只能在蠻荒地帶自搭茅屋，過著原始生活，無水無電，吃不飽，睡不暖。

曾醒明與好友專誠遠赴探訪，見到他們的非人生活，心靈受到極大震撼，於是，開展了一個「送炭到泰北」的慈善工程，一做幾十年。

上天安排老曾在電視圈工作，認識無數藝人與傳媒，大大有利「送炭」這工程。多年來，當地一百條村的十萬華人，由赤貧開始，到如今有水有電有華文教育，令曾醒明得到空前滿足感。

這個終生舞台，也孕育出老曾最快樂的退休生活！

張文新
瞓身搞慈善

每個正常人都會思考：我為甚麼身在世上？我對這個世界有何貢獻？

小弟強調「正常」，因有不少「不正常」的人，來到世界，只信「自私自利」，為自己而活，懶理甚麼「天生我才必有用」的基本道理。

自由社會，各有追求，無問題。但作為正常人，我當然只會與「正常一族」交朋友，亦鼓勵更多人在搞掂自己生活後，多點關顧老弱傷殘及需要扶助的不幸者。

尤其當你已達至財務自由，而退休後，仍有精力、經驗及人脈，何不為世界做點事、積點福？

香港電台「舊生」們「畢業」後，絕少加入私人機構賺錢，反之，多將自己的知識，通過不同途徑與人分享（例如教學），更多是參與慈善活動，甚或成為宗教或非牟利機構負責人。

眾多精力旺盛退休者中，最勁為「氣勢新」張文新。退休七年，拖住老婆淑梅姐隻手仔，年年為「寰宇希望」搞「千個聖誕老人慈善跑」。

新哥乃《十大中文金曲》之父，故與樂壇所有巨星均擁有「非比尋常」的關係。他當年絕非為私利或金錢推動樂壇，唱片界高層及歌星人人心知。退休後，專職舉辦慈善活動，歌星們當然「知恩圖報」，新哥開到聲，一定幫。因此每年「千個聖誕老人慈善跑」皆巨星如雲，善款極理想。不過，2020 年因疫情關係，不能舉辦群眾活動，點算？新哥當然有計！

「阿碌，我化整為零，鼓勵大家人人自做聖誕跑，只要身上戴有任何聖誕飾物，跑步也好，行山也好，拍下照片，另

找贊助人（最少一百元），寄到『寰宇希望』，就會獲得行善證書及小禮物。另我又搞『日本大閘蟹慈善宴』，一開即爆。不過，善款仍未達標，麻煩你幫手大力宣傳！」

認識新哥，時為1978年，當年大家瞓身籌備一個大型活動，名為「香港國際傷殘人士年」。這活動，影響我一生，因其主題曲早早打入心坎，乃由陳秋霞作曲，鄭國江填詞，關正傑主唱的《一點燭光》。

歌詞：「盼可將燭光交給我，讓我也發光芒，寒流裡，願同往，關心愛心似是陽光……」

內藏於心的小小慈善種子，恍似被「肥田料」強力的灌溉。充分體會到，助人的深層次快樂。

李韡玲
堅持「扮靚事業」

任何鬥心強橫者，只要找到人生意義及個人的表演舞台，無論任何年紀，皆會充滿神采。無他，因他的內心堅信，每日都有千萬計觀眾在期待他。

這情況，適用於所有「表演界別」，包括寫作、教育、體育、賽車、演藝、傳媒⋯⋯還有一個，也如是——美顏養生護膚，「貼地」的形容，就是扮靚。

女性愛美，舉世必然。近年，原來男性美容服務及產品市場，也火速增長，化妝已不是女性專利！故此，有料的扮靚專家，是永恒的市場渴求，例如，小弟的老友李韡玲。

論經濟實力，論「捱」過的年份，其實，玲玲姐有一百個條件，足以令她退休後享受悠閒無憂的快樂生活。

但是，本應退休的她，仍選擇不停鑽研天然美顏養生之道，為萬千粉絲提供最新「美容發現」，包括知識及產品。其韌力及決心之勁，真令我要「寫個服字」。

「阿碌，我非常享受家庭生活、辦公室生活、社交生活。事實，人生苦短，所以必須珍惜時間，令自己愈活愈年青，多做有益世道人心的事。要完成這個『大志』，必須具備獨立的人生觀，健康靈活的體格，永遠讓自己天然地美！」玲玲姐開朗樂觀地形容追尋快樂之道。

「仲有，一定要追上時代，有一個得體的個人形象。無論任何時候，都應穿戴得時尚又整齊，這樣，人才會充滿自信及光彩！」眼前的她，正是人辦！

扮靚，是終生的「事業」，除了由心而發的豁達外，更重要，是「努力」。每天都要努力，絕不能鬆懈。玲玲姐有眾多令自己亮麗的法寶。包括：如何泡腳、拉筋、腸胃排毒、減除皺紋、敷臉秘訣、美甲護髮、去除眼袋、防高血壓、喝水養生、長壽等等心法。

紳士淑女 優雅楷模

我點知咁多？皆因小弟認識玲玲姐多年，不斷在旁觀察也。大姐更寫了一本《李韓玲一百個私藏亮麗的秘方》，我當然即刻火速閱讀、吸收全部日月精華。

原來，人靚唔靚，與每天食入口的米飯也有關！難怪，近年玲玲姐已改食日本新潟出產的「越光米」，並自行處理入口，真箇精力過人。

事事如此一絲不苟，對她來説，天天扮靚，就是「最快樂的退休生活」！年齡？忘記它吧！

麥麗貞
藉鏡頭逐美景

多年前，有一段日子，不斷有官界、政界、傳媒界……以至親朋戚友問小弟：「嘩，呢個銀髮魔女好鬼牙尖嘴利，究竟是誰？」

有此一問，因其時，麥麗貞（Janet）剛當選香港電台製作人員工會主席，經常要到立法會與議員（當然尤其民建聯及工聯會）唇槍舌劍，維護公營廣播編採獨立，以及，爭取興建新廣播大廈。（可惜，上述兩項皆被政治大形勢接近全面陰乾了。）

立法會外，也因港台不停受到這樣那樣的攻擊，故Janet要不時面對記者，出席傳媒節目及各式論壇，爭取民意。

兩位香港電台女將——前助理處長陳敏娟（左）和前監製麥麗貞（右）既剛且柔，既柔又剛。

本身已有一份全職電視節目監製工作，再要孭一份政治高壓的工會主席位，普通人，根本無可能頂得順。但麥小姐呢？真犀利！在大是大非、傳媒公義及廣播道德界線方面，非常硬淨堅定，從不退縮及退讓。故此，慢慢塑造一個「銀髮魔女」（頭髮早已天然變色）的形象。這綽號，當然有少少貶意，乃因針對香港電台的政官界人士，在正途上「咬佢唔入」，而轉到背後揶揄宣洩也。

「銀髮女俠」也好,「銀髮魔女」也好。總之,她守護的價值
觀,得到百分之九十九香港電台同事支持!

最艱辛日子,對外要應付官界政界及不同立場傳媒攻擊。
對內,則要頂住政府空降懷有「特別任務」的政務官。當時,
Janet若非有女俠的胸懷及腰板,面對場場硬仗,點打?

不過,無論如何受歡迎的公務員,根據官場規矩,夠鐘就
要退休。麥麗貞也不例外,瀟灑放下工會主席及公務員的
身份,向港台說再見。

如此「犀利」一女性,香港電台內外皆好奇,她的下個舞台
會在何處?立法會?

開估呀!雖然退休已經多年了,但Janet堅持維護社會公義
及傳媒道德的底線,沒有改變,雖不再站在台前,但仍在
幕後及人群中為接棒者打氣。

更多時間,少少出人意表,化身「大自然攝影家」。將一切
天地美態,透過鏡頭錄下,再經社交平台,免費發放給大
眾欣賞。

紳士淑女 優雅楷模

Janet 作品有動有靜，柔情似水，幅幅悦目。

我正是天天追看的粉絲。

一個在立法會及群眾集會中堅硬如鐵的「魔女」，退下來，可以有「柔情似水」的觸覺，精準捕捉一花一草一樹一本等宇宙萬物最美一面，這個退休後的反差，感覺上，相當大啊。

周梁淑怡
永遠的女強人

活在香港，大部分時間，當然應該與人為善，齊齊生活在和諧氣氛中。但需要時，一定要知道怎樣保護自己，以免被人以為「好恰」！

尤其，當被「屈」而不發聲反擊的話，謊言即會一傳十、十傳百，變成「事實」，連你個人「品牌」亦被摧毀。

有感而發，因見到小弟心目中的「永遠女強人」周梁淑怡，突然高調出招，公開斥責一位姓屈的專欄作者文章失實，並去信所屬報業集團要求澄清，因被無故拖入「西九文化區 M+ 博物館事件」中。莎姐嚴正澄清——從未出任西九董事局成員！

紳士淑女 優雅楷模

今年七十六歲的Selina，絕對是電視圈及政治圈強勢之人，絕不好惹。你搞佢，就是自招其辱，因必被重重還擊。即使如今退休，她也不會對「來犯者」沉默啞忍。因為，除性格強悍之外，莎姐七十年代開始在電視圈及在政治圈拼搏，場場硬仗，天天活在激烈的辦公室政治及議會政治角力中，訓練有素也。

小弟也是幾十年的廣播人，識英雄重英雄。能夠令我寫個服字者，一隻手數得完。當中，表表者，商營的是周梁淑怡，公營的則是張敏儀。前者剛，後者柔。但兩人皆有一超級領袖特徵———"Eye for talent"。對相中及培育台前幕後有天份者成為明星，有過人之力。

莎姐乃TVB開山祖師，由天氣女郎及助導做起，幾年間已紮上助理總經理位置，成為香港電視界第一女強人。事實，「女強人」三個字，亦是由形容她而起，皆因自她之前，商界、官界、政界及廣播界，皆男性天下！

小弟亦有幸觀摩到莎姐的驚人搏殺精神，絕對可以廿四小時不眠不休。即使她進入醫院待產，也整隊製作人員殺到去床邊開會。能夠創作出《雙星報喜》、《狂潮》、《家變》等膾炙人口破格節目，絕對是電視圈大貢獻。莎姐批評今天

的電視台管理人—並沒有將製作人員的潛質push to their limits！一矢中的。

對近年政圈的情況，作為資深政治人，周太也無法不扼腕，指出今天的政客欠風度及包容。尤其議會辯論，未能做到以理服人。建制派只懂得「人多蝦人少」（勿忘記，自由黨也是建制一員！）。

七十六歲的莎姐，沒有半點老態，仍活力十足。掌握時事思路清晰，見人時衣著得體。在小弟心中，真是個「永遠的女強人」！

紳士淑女　優雅楷模

胡楓
擁四大長青法寶

寫了幾年退休專欄並結集成書，同時又不停接受講座及訪問邀請，最大目標，只得一個——令更多退休人士及其身邊家人朋友感到快樂。

因為，若「不懂退休」，尤其男性（多天生有強烈權力慾、英雄感及極需成就感），可能演變成災難！

小弟退休轉眼七年，事實，比未退休前更健康，更快樂。為甚麼？因及早調整心態及努力觀察、學習成功長者的人生哲學。

小弟奉為偶像的，正是快九十歲的「修哥」胡楓。胡楓在娛樂圈工作近七十年，絕對沒有一般圈中人物

的不良嗜好及明星心態。近年我倆接觸頗多，發覺「修哥」長青，有以下秘訣：

(一) 包容——恍似全無敵人。他不會講別人壞話，亦絕少甚至無人講他的壞話。修哥對晚輩，絕不會「扮大哥」，一律尊重客氣，親和力特強，故擁有最多契仔契女。目睹後輩缺點，佢只會婉轉提點但從不公開斥責。換來的，就是人人樂於親近。而對同輩或「競爭對手」，修哥也絕不會施陰招競爭，永守君子之道。

(二) 幽默——台上台下皆風趣幽默，但說笑永遠適可而止不會越界，令人人歡樂之餘，也不會有誰覺得難堪。這種性格，與任何年紀的人相處，又或，與任何圈子的人士相處，皆和諧愉快。更何況，他是一位極具知名度的大明星？

(三) 行善——事實上，以修哥的經濟實力，已經完全毋須工作而可安享晚年。但他仍不停在幕前演出，主要是娛樂別人，同時，也保持高曝光率及高知名度。這有好處及另一個更大目標，為方便行善！台前幕前受大眾歡迎，自然，巡迴到老人院探訪時，也會得到非常熱烈的反應。我跟訪目睹幾次，所有護老院的清醒長者，無一不視修哥為蜜糖！

紳士淑女　優雅楷模

205

(四) 維持健康──某次活動後，我提議：「修哥，已安排車送你返家！」佢答：「唔使，步行乃我最大保健方法。總之，企得就唔坐！行得就唔企！永遠爭取筋骨運動機會！」講完，一個轉身健步如飛離去。

優雅、健康、快樂、受歡迎的長者，誰不愛做？不過，切勿等天掉下來，自己努力啦！

Inspiration 24

作者	曾智華
內容總監	曾玉英
責任編輯	梁韻廷
助理編輯	李拔政
封面設計	Marco Wong
書籍設計	Gigi Ho
相片提供	曾智華、Getty Images

出版	天窗出版社有限公司 Enrich Publishing Ltd.
發行	天窗出版社有限公司 Enrich Publishing Ltd.
	九龍觀塘鴻圖道78號17樓A室
電話	(852) 2793 5678
傳真	(852) 2793 5030
網址	www.enrichculture.com
電郵	info@enrichculture.com
出版日期	2021年6月初版

承印	嘉昱有限公司
地址	九龍新蒲崗大有街26-28號天虹大廈7字樓
紙品供應	興泰行洋紙有限公司

定價	港幣 $128 新台幣 $550
國際書號	978-988-8599-64-6
圖書分類	(1)生活 (2)心靈勵志

支持環保 此書紙張經無氯漂白及以北歐再生林木纖維製造，
並採用環保油墨。